U0731865

总统府

The Presidential Palace

符号江苏·口袋本

刘晓宁◎著

江苏人民出版社
江苏凤凰美术出版社

图书在版编目（CIP）数据

总统府 / 刘晓宁编著. -- 南京 : 江苏人民出版社, 2016.3

（符号江苏·口袋本）

ISBN 978-7-214-17532-8

Ⅰ. ①总… Ⅱ. ①刘… Ⅲ. ①国民政府-纪念地-介绍-南京市 Ⅳ. ①K878.23

中国版本图书馆CIP数据核字（2016）第058001号

总统府

著　　者	刘晓宁
责任编辑	汪意云　曾　偲
责任监制	王列丹
封面设计	王　崇　樊旭颖
出版发行	凤凰出版传媒股份有限公司
	江苏人民出版社
	江苏凤凰美术出版社
出版社地址	南京市湖南路 1 号 A 楼，邮编：210009
经　　销	凤凰出版传媒股份有限公司
排　　版	江苏凤凰印刷数字技术有限公司
印　　刷	南京精艺印刷有限公司
开　　本	787 毫米 × 1092 毫米　1/32
印　　张	5.625　插页 2
版　　次	2016年4月第1版　2016年4月第1次印刷
书　　号	ISBN　978-7-214-17532-8
定　　价	28.00元

總統府

目录

CONTENTS

引言

总统府建筑群，位于六朝宫城的中心。明朝初年为归德侯府和汉王府；清朝为江宁织造署、江南总督署、两江总督署。清朝康熙、乾隆皇帝下江南时均以此为“行宫”。清末张汝南诗曰：“江南好，第一是行宫。辇路草长含晚碧，御衙花嫩发春红，驻跸记乾隆。”

1853 年太平天国攻占南京，定都天京，洪秀全在此兴建了规模宏大的天朝宫殿——天王府。1864 年 7 月 19

日，清朝重臣曾国藩率湘军攻陷天京，将天王府焚烧殆尽。古诗“十年壮丽天王府，化作荒庄野鸽飞”，就是劫后天王府的真实写照。

1870 年以后，清朝重修两江总督署。林则徐、曾国藩、李鸿章、左宗棠、张之洞等均任过两江总督。

1912 年 1 月 1 日，孙中山在这里宣誓就任中华民国临时大总统，并以此处为总统府，同时组

总统府大门

建了中国历史上第一个共和制的国家政权——中华民国临时政府。1912 年 4 月，南京临时政府结束，此处成为南京留守府，黄兴为留守。1913 年“二次革命”爆发，这里数度成为讨袁军总司令部，黄兴等人为总司令。

以后的十几年中，这里又成为北洋政府的都督府、督军署、督办公署、宣抚使署、副总统府、直鲁联军联合办事处、五省联军总司令部等机构。主官有程德全、张勋、冯国璋、李纯、齐燮元、卢永祥、孙传芳、杨宇霆、张宗昌等人。

1927 年 3 月，北伐军攻占南京，这里先后成为国民革命军和北伐军总司令部，以及军事委员会。4 月，南京国民政府成立，于 9 月底移驻此处办公。1928 年 10 月，国民政府行政院成立，以国府东院（东花园）为办公地址；以国府西院（西花园）为主计处、参谋本部所在地。直到 1937 年 11 月，这里一直是国民政府和行政院的所在地，成为中国的政治中心、权力中枢。谭延闿、蒋介石、林森先后任国民政府主席，谭延闿、蒋介石、孙科、汪精卫等先后任行政院长。1937 年 12 月南京沦陷后，国民政府沦为日军第 16 师团部，以及伪维新政府行政院，汪伪政府的立法院、监察院和考试院。

行政院则成为伪交通部、铁道部等机构。

1946 年 5 月，国民政府“还都”南京后，这里重新成为国民政府所在地。东花园则成为国民政府社会部、水利部、地政部和侨务委员会。西院成为军令部和首都卫戍总司令部。1948 年 5 月，蒋介石、李宗仁在“行宪国大”上分别当选“总统”和“副总统”，国民政府改称为总统府。

1949 年 4 月 23 日南京解放，24 日凌晨，人民解放军占领总统府，揭开了总统府历史崭新的一页。

南京解放以后，总统府一直是机关的办公处。1982 年，总统府被列为全国重点文物保护单位。今天，这一历经 600 余年沧桑、保存完好的中西建筑群，已作为南京中国近代史遗址博物馆，全面对外开放。

◎ 共和肇始　开天辟地

1. 孙中山宣誓就任大总统

1911 年 10 月武昌起义爆发后，东南重镇南京于 12 月 2 日光复。之后，先后光复的十七省都督府代表抵达南京。

12 月 29 日上午 9 时，十七省代表 45 人齐

孙中山与黄兴等在上海商讨建国及就职事宜

集江苏咨议局，开始就选举临时大总统进行表决。选举结果为：孙中山得16票，黄兴得1票，孙中山当选，其称呼为：中华民国临时政府临时大总统。

1912年1月1日上午，孙中山从上海乘火车前往南京。 下午5时光景，才到了南京下关火车站。孙中山下了火车，然后换乘一列城垣

1912年1月1日沪军将领在上海车站欢送孙中山前往南京

总督署箭道车站，孙中山在此下车换乘马车

1911年12月30日孙中山在上海同生照相馆拍摄的标准像

铁路的小火车，径直开往位于城东的两江总督署箭道车站。孙中山下了小火车，转登一辆蓝布绣花马车。车队以军乐队高奏凯旋曲为前导，直抵两江总督署的大门。早在孙中山到上海时，在宁的各省代表已决定将总统府设在原清两江

张灯结彩的总统府广场

大总统就职宣传画

总督署衙门。

夜色下的南京，两江总督署大门前的广场上华灯高照，如同白昼。红色彩绸与苍松翠柏交相辉映。门前，人头攒动，各省代表和众将领们早已在这里等候多时了。孙中山的马车一到，人群中立刻发出了一阵欢呼声。只见孙中山从容地走下了马车，一手持帽，一面微笑着与大家握手寒暄。

晚 11 时整，中华民国临时大总统就职典礼在总督署大堂举行。大堂正中并排斜挂着五色旗和十八星旗。各省代表、各军将领、各界人士 200 多人，各国领事及外宾站立于两侧。

典礼开始了，孙中山身穿刚缝制的大总统

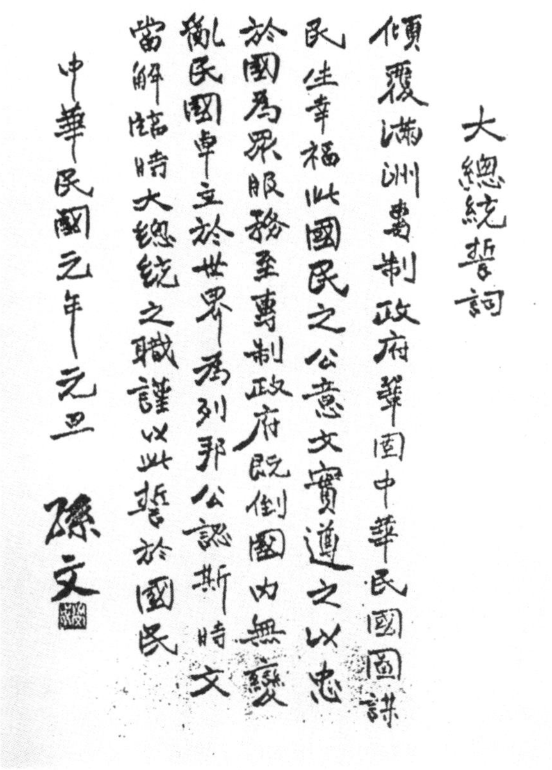

大總統誓詞

傾覆滿洲專制政府鞏固中華民國圖謀民生幸福此國民之公意文實遵之以忠於國為眾服務至專制政府既倒國內無變亂民國卓立於世界為列邦公認斯時文當解臨時大總統之職謹以此誓於國民

中華民國元年元旦

孫文

大总统誓词

礼服，笔直地站在大堂中央，表情庄重而严肃。

军乐队奏起了雄壮的《马赛曲》，随后，山西代表景耀月向与会者报告了大总统的选举经过，孙中山在大家的注目下信步上前，将右手放在胸前，用广东口音的普通话大声朗读大总统誓词：

倾覆满洲专制政府，巩固中华民国，图谋民生幸福，此国民之公意，文实遵之，以忠于国，为众服务，至专制政府既倒，国内无变乱，民国卓立于世界，为列邦公认。斯时，文当解临时大总统之职。谨以此誓于国民。中华民国元年元旦。

接着，景耀月向孙中山致授大总统印绶，印文为“中华民国临时大总统印”。孙中山立正

大总统印文

民国建立纪念章

孙中山就职纪念章

就职时的孙中山

中華民國大總統孫文宣言書

大中華民國元年元旦

大总统宣言书

躬身敬受后，立即启印加盖于《中华民国大总统宣言书》等文告之上。

紧接着，胡汉民代读大总统《宣言书》，徐绍桢代表陆海军将领向孙中山致颂词。当天，即发布《通告海陆军将士文》。

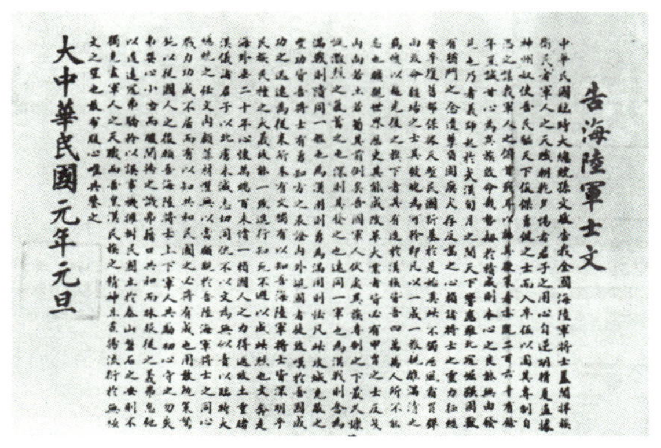

告海陸軍士文

大中華民國元年元旦

告海陆军将士文

之后，孙中山致答词，表示“当竭尽心力，勉副国民公意”。

话音刚落，全场爆发出一片欢呼声，“中华共和万岁”“孙大总统万岁”的口号声此起彼伏。两阶军乐队奏起了军乐。此时的孙中山异常激动，他举起了双手向大家表示感谢，连声说:“大家辛苦了，各位将士们辛苦了。”

这时，位于南京北极阁、狮子山的炮台开炮21发,下关的军舰也拉响了汽笛。隆隆的炮声，尖厉的汽笛声，在古城南京上空久久地回荡着。中国历史上第一个共和制的国家政权诞生了。

次日，即1912年1月2日，孙中山即以中华民国临时大总统的名义通电全国 :“各省都督

大总统办公室

庆祝中华民国建立明信片

鉴：中华民国改用阳历，以黄帝纪元（四千六百零九年十一月十三日）为中华民国元年元旦。经各省代表团决议，由本总统颁行。订于阳历正月十五日补祝新年，请布告。孙文。”

2. 民国国旗的确定

孙中山回到上海后，在哈同花园召开会议，专门讨论了民国国旗的制定方案。章太炎认为：“现在的中国，是汉满蒙回藏五族共和，中国人又有喜用五数的传统，故应以五色旗为国旗。”孙中山则说：“我认为，我们革命者要有继承性，要对得起死去的先烈。所以，我们应以青天白日满地红旗为国旗。”章太炎表示坚决不同意：

镌于各种奖牌上的五色旗和十八星旗

"青天白日旗只是一个会党的旗帜，不能作为一国之旗。"孙中山则坚持己见，表示决不让步。在上海的会议上，双方一直僵持不下。为此，胡汉民和黄宗仰法师建议休会。在进行了一番紧张的磋商后，两人在会上又提出了一个折衷的方案：暂以五色旗为国旗，但只是一种过渡。而以青天白日满地红旗为海军旗，十八星旗为陆军旗。为了顾全大局，孙中山暂时默认了这个方案。

参与国旗制定的黄宗仰法师

在数天后举行的中华民国临时大总统就职典礼上，并排悬挂的就是五色旗和十八星旗。南京临时政府成立后，临时参议院召开会议，议决以五色旗为中华民国的正式国旗。孙中山参加了会议，并据理力争，坚决主张以青天白日旗为民国国旗。孙中山并以临时大总统名义，提请参议院对这一议决加以复议。

临时参议院立即对孙中山的提议进行了重新讨论。不少代表认为，青白旗仅是同盟会一个政党的旗帜，不能代表全国的意见；五色旗已经由革命军广泛采用，历史意义重大。因此，否决了孙中山的意见。之后，正式作出决定：五色旗为中华民国国旗，青天白日旗为海军军旗，十八星旗为陆军军旗。这次会议之后，五色旗为民国国旗已成定论。

民国国旗——五色旗

民国海军旗——青天白日旗

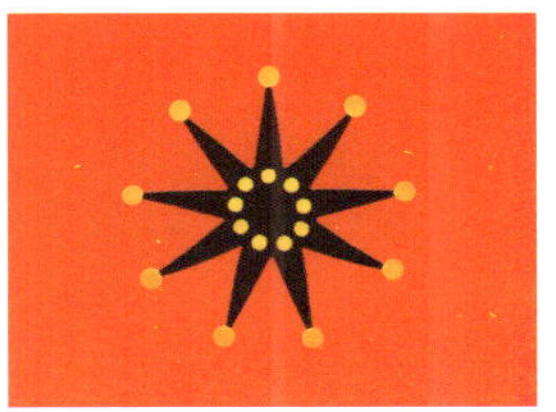

民国陆军旗——十八星旗

3.“次长内阁”

陆军部总长黄兴

海军部总长黄钟瑛

财政部总长陈锦涛

外交部总长王宠惠

孙中山就任临时大总统后，以原清两江总督署为总统府，以煦园中的西花厅为大总统办公室。孙中山就职后，第一件事也是最重要的事，就是组建临时政府。

1月3日，孙大总统亲自前往各省代表会议，交议了九个部的总长人选，引起了

1912年2月5日内阁会议后的孙中山

司法部总长伍廷芳

交通部总长汤寿潜

教育部总长蔡元培

实业部总长张謇

激烈的争论，结果。各省代表会正式通过了副总统及总长的人选。他们是：副总统黎元洪，陆军部总长兼参谋总长黄兴，海军部总长黄钟瑛，外交部总长王宠惠，内务部总长程德全，财政部总长陈锦涛，司法部总长伍廷芳，交通部总长汤寿潜，教育部总长蔡元培，实业部总长张謇。

总长确定后，各部次长也由各省代表会议通过，并由孙大总统任命颁布。他们是：陆军部次长蒋作宾，海军部次长汤芗铭，外交部次长魏宸组，内务部次长居正，财政部次长王鸿猷，司法部次长吕志伊，交通部次长于右任，教育部次长景耀月，实业部次长马君武，参谋部次长钮永建。

总统府秘书处秘书长为胡汉民。总统府还直辖法制院

陆军部次长蒋作宾

外交部次长魏宸组

内务部次长居正

（局），以及印铸、公报、稽勋、铨叙四个局，宋教仁兼法制院（局）院长，黄复生任印铸局局长，冯自由任公报局局长等，但焘任铨叙局局长。南京卫戍总督徐绍桢，参军长黄士龙。因江苏都督程德全未到南京就职，孙中山又任命庄蕴宽代理江苏都督。孙中山还特聘了一位美国人荷马李担任了临时政府的军事顾问。另延聘日本人犬养毅、宫崎寅藏等为临时政府政治顾问。

海军部次长汤芗铭

财政部次长王鸿猷

司法部次长吕志伊

交通部次长于右任

教育部次长景耀月

实业部次长马君武

在九名总长中，同盟会员只有三人，即黄兴、王宠惠、蔡元培，但黄钟瑛等人一直是倾向革命的。其他几名总长，有的是清朝旧官僚和立宪派人士，但他们在国内有很高的声望。孙中山把他们拉入内阁，是想借助他们的声望来反对清政府。革命党人虽然只占了三个总长席位，但总长不在，大权自然由次长掌握。而次长中，除海军次长汤芗铭外，均为同盟会员和留日、留欧美青年知识分子。内阁会议、处

秘书长胡汉民

南京卫戍总督徐绍桢

军事顾问荷马李

政治顾问宫崎寅藏

理国务、出席国务会议，均由次长们一手操办。而陆军总长兼参谋总长黄兴为各部之首，位高权重。胡汉民任秘书长，处理日常政务，大权在握。此二人一文一武，被孙中山倚为左右手。这就是孙中山的“总长取名，次长取实”策略。人们戏称临时政府的内阁是“次长内阁”。

1月21日下午1时，孙中山在总统办公室西会议室亲自主持召开了中华民国临时政府第一次内阁会议。出席者几乎为清一色的革命党人。

1912年1月21日临时政府举行第一次内阁会议

孙中山与秘书处人员合影

临时政府内阁正常启动后，1 月 28 日，中华民国的立法机关临时参议院在原江苏咨议局成立。孙中山及各总长、次长亲自莅会。孙中山向每位参议员颁发了委任状，发表了激动人心的祝辞，并勉励各位议员要努力创制和健全中国的法律制度和法制社会。参议院以互选的方式，选举林森为参议院议长。

孙中山与参谋部官佐合影

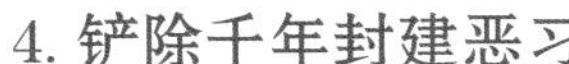

4. 铲除千年封建恶习

孙中山和临时政府制定了具体的政策法令，来革除中国几千年的封建恶习。

剪发辫。孙中山在就任临时政府大总统后，1 月 5 日以大总统的名义，向各地发出剪辫令电报,要求“令到之日,限二十日一律剪除净尽”。一时间，中国大地掀起了一股剪辫热。有的地方组织了义务剪辫大会，当场就有数万人要求剪辫。孙中山要求总统府中全体人员和军人剪去辫子。孙中山此令一下，几天之内，总统府中的军政人员一个不剩地均将辫子剪去，个个都剪成了平头或西式发型。孙中山还要求军人在文官的陪同下，带上剪刀，走上街头，先向老百姓宣传留辫

令示

大總統令內務部曉示人民一律翦辮文

滿虜竊國易於冠裳强行編髮之制悉從腥羶之俗當其初高士仁人或不屈被執從容
就義或遁入緇流以終餘年痛矣先民慘罹荼毒讀史至此輒用傷懷嗣是而後習焉安
之騰笑五洲恬不爲怪矧茲縷縷易萃微菌足滋疾癘之媒殊爲傷生之具今者滿廷已
覆民國成功凡我同胞允宜滌舊染之汚作新國之民茲查通都大邑翦辮者已多至偏
鄉僻壤留辮者尚復不少仰內務部通行各省都督轉諭所屬地方一體知悉凡未去辮
者於令到之日限二十日一律翦除净盡有不遵者違法論該地方官毋稍容隱致干國
犯又查各地人民有已去辮尚剃其四周者殊屬不合仰該部一併諭禁以除虜俗而壯
觀瞻此令

剪辫通令

军人街头剪辫子

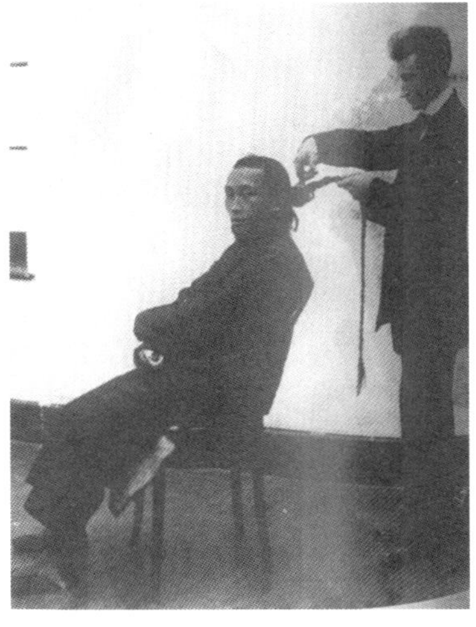

洋人理发师在剪辫

女子新发式

男子新发型

子的危害和剪辫子的好处。还请了外国人为中国人设计新发型。

废缠足。临时政府执政后，放足成了临时政府的一项重要任务。3 月 11 日，孙中山下令内务部通饬各省“劝禁缠足”，内务部次长居正即根据孙中山的指令下达内务部令，要求各省立即将已缠足者放开，未缠者不许再缠，如有违抗命令者，哪怕是官员家属一律予以重罚。命令既下，各省纷纷执行。自此命令下达后，这一受到世界讥讽的中国几千年恶习得到了根本的改观。

改服饰。1912 年 1 月 5 日，孙中山对军服进行改革。在《临时约法》第三十条中规定，公布服制，男子常礼服有两种：一种是西装式，一种是褂袍式。彻底摒弃了清代官袍的上小下宽，以及马蹄袖、厚底靴等旧式服饰。孙中山以长袍与西服并存作为一种过渡。他设计出一

大總統令內務部通飭各省勸禁纏足文

纏足之俗由來殆不可考起於一二好尚之偏終致滔滔莫易之烈惡習流傳歷千百歲
害家凶國莫此爲甚夫將欲圖國力之堅強必先圖國民體力之發達至纏足一事殘毀
肢體阻閼血脈害雖加於一人病實施於子姓生理所證豈得云誣至因纏足之故動作
竭蹶深居簡出教育莫施世事罔聞遑能獨立謀生共服世務以上二者特其大端若他
弊害更僕難數曩者仁人志士嘗有天足會之設開通者已見解除固陋者猶執成見當
此除舊布新之際此等惡俗尤宜先事革除以培國本爲此令仰該部速行通飭各省一
體勸禁其有故違禁令者予其家屬以相當之罰切切此令

劝禁缠足文

大總統令外交部妥籌禁絕販賣猪仔及保護華僑辦法文

茲據荷屬僑民曹運郎等呈請禁止販賣猪仔及保護華僑各節查海禁各省奸人拐販猪仔陷人塗炭甚在滿朝熟視無覩致使被難同胞窮而無告今民國既成亟應拯救以尊重人權保全國體又僑民散居各島工商自給者亦實繁有徒屢被外人陵虐然含辛茹苦繫愛宗邦今民國人民同享自由幸福何忍僑民向隅不爲援手除令廣東都督嚴行禁止猪仔出口外合亟令行該部妥籌杜絕販賣及保護僑民辦法務使博愛平等之義實力推行切切此令

禁止贩卖猪仔及保护华侨文

大總統令內務部禁止買賣人口文

自法蘭西人權宣言書出後自由博愛平等之義昭若日星各國法律凡屬人類一律平等無有階級其有他國逃奴入國者待以平民不問其屬於何國中國政治代主開放賤族自由民之階級剷除最早此歷史之已事足以誇示萬國者前清入主政治不綱民生憔悴逃死無所妻女鬻爲妾媵子姓淪於皁隸不肖奸人從而市利流毒播孽由來久矣尤可痛者失教同胞緣於生計乃有奸徒誘以甘言轉販外人牛馬同視終年勞動不得一飽如斯慘毒言之痛心今查民國開國之始凡屬國人咸屬平等背此大義與衆共棄爲此令仰該部遵照迅即編定暫行條例通飭所屬嗣後不得再有買賣人口情事違者罰如令其從前所結買賣契約悉與解除視爲雇主雇人之關係並不得再有主奴名分此令

禁止贩卖人口通令

大總統通令開放蛋戶惰民等許其一體享有公權私權文

天賦人權胥屬平等自專制者設爲種種無理之法制以凌轢斯民而自張其毒燄於是人民之階級以生前清沿數千年專制之秕政變本加厲抑又甚焉若閩粵之蛋戶浙之惰民豫之丐戶及所謂發功臣暨披甲家爲奴卽俗所稱義民者又若薙髮者並優倡隸卒等均有特別限制使不得與平民齒一人蒙垢辱及子孫蹂躪人權莫此爲甚當茲共和告成人道彰明之際豈容此等苛令久存爲民國玷爲此特申令示凡以上所述各種人民對於國家社會之一切權利公權若選舉參政等私權若居住言論出版集會信教之自由等均許一體享有毋稍歧異以重人權而彰公理該部接到此令之後卽行通飭所屬一體遵照並出示曉諭該省軍民人等咸喻此意此令

开放蛋户及享有公民权利通令

令示

大總統令禁烟文

鴉片流毒中國垂及百年沉溺通於貴賤流衍徧於全國失業廢時耗財殞身浸淫不止種姓淪亡其禍蓋非敵國外患所可同語而嗜者不察本總統實甚悉之自滿清末年漸知其病種植有禁公令有征亦欲剷除舊污自孟前鑑在下各善社復爲宣揚倡導匡引不逮故能成效漸彰黑籍衰減方今民國成立炎燿宇內發憤爲雄斯正其時若於舊染錮疾不克拔濯淨盡雖有良法美制豈能恃以圖存爲此申告天下須知保國存家匹夫有責束脩自好百姓與能其有飲鴆自安沉湎忘返者不可爲共和之民當咨行參議院于立法時剝奪其選舉被選一切公權示不與齊民齒并由內務部轉行各省都督通飭所屬官署重申種吸各禁勿任廢弛其有未盡事宜仍隨時籌畫舉辦尤望各團體講演諸會隨分勸導不憚勤勞務使利害大明趨就知向屏絕惡習共作新民永雪亞東病夫之恥長保中夏清明之風本總統有厚望焉

禁烟文

种新式的中国服饰，这种服装为单立领，前门襟有9个扣子，上下有4个明袋。这种服装在青年学子中很流行。南京临时政府成立后，孙中山将这种服装又加以改造，领子改为立翻领；前门襟改为5个明扣，4个明袋为平贴袋，上下对称，袋口加软盖，再加钉一钮扣，既美观又可防止袋中东西遗失。袖子与衣服分开裁剪，袖口还钉有3粒扣。这种式样比西装简洁，既庄重，又显得精神。后来，又参照上衣进行了改造，这就是中山装。

大總統令內務部通知各官署革除前清官廳稱呼文

官廳爲治事之機關職員乃人民之公僕本非特殊之階級何取非分之名稱查前清官廳視官等之高下有大人老爺等名稱受之者增慙施之者失體義無取焉光復以後聞中央地方各官廳漫不加察仍沿舊稱殊爲共和政治之玷嗣後各官廳人員相稱咸以官職民間普通稱呼則曰先生曰君不得再沿前清官廳惡稱爲此令仰該部遵照速即通知各官署並轉飭所屬咸喻此意此令

臨時政府公報　第二十七號　六

革除清朝官厅称呼文

禁刑讯。孙中山在颁布的禁止刑讯令中一再强调，各级官署审理案件，不准再用笞杖枷号及其他不法刑具，罪犯应当受罚时，由用鞭抽上枷，全部改为课以罚金或拘留。

改称呼。孙中山还下令，今后各官府人员之间相称，均以官职称之，不得再称大人、小人、主人、奴才。民间普通称呼，则称先生或君，一律不得沿用前清官府的恶称。

废跪拜。孙中山力主废止跪拜礼节，并规定普通相见为一鞠躬，最高礼节为三鞠躬。此后，跪礼被鞠躬礼所取代，并在全国范围内流行开来。

5. 平民总统

担负总统办公室的内卫班共 12 人。孙中山特为关照卫士不要称自己为大总统，在府内称谓“孙先生”就行了。

孙中山一向反对摆官架子，他自己总是身体力行。有一次，孙中山到下关办事，卫士长要派一个卫队跟着，孙中山不同意，只乘了一

孙中山的办公桌

辆马拉车，带了两名卫士骑自行车随行。既没通知各军和地方长官迎送，更无前呼后拥。

有一名卫士叫雷长瑞，被卫士长选中给孙中山当贴身警卫。一天，孙中山与他聊天时问他："小老倌，叫什么名字？""雷长瑞。""这个名字听起来不顺耳，我看就叫雷彪吧。"孙中山又风趣地说："雷一打起来，老虎再加三撇，轰隆隆地就能起飞啊。"后来，雷彪在孙中山的亲自培养下加入了同盟会。

孙中山身居大总统高位，却处处戒奢禁欲，从不铺张浪费。因办公室平房简陋，不少人建议他在总统府中另建一座办公楼，但几次都被孙中山拒绝了。他告诫部下说："国家刚刚建立，

孙中山与卫兵

需要用钱的地方太多了。这座平房蛮好，完全没有必要再建新的了。”

孙中山的起居极有规律，卧室总是整理得井井有条，清爽整洁。孙中山每日六时多起床，被褥必先自己整理，再把晚上看的文件材料叠齐摆好，从不要仆役动手。然后到屋外做一些活动。洗漱完吃早饭。早餐前，孙中山必先批读来往信札，随手就给予回复。有时饭都热了几遍，还在写信。进食时，也是细嚼慢咽，不出什么声音。孙中山饮食很简单，喜食蔬菜生果，从不吃辛辣酸苦的食品，也少食甜品，烟酒从来不沾。来了客人，也只是几盘菜加上米饭了。

孙中山平时的穿着既朴素，又庄重。除了发的军装外，长期穿的就是一件半旧的中山装，

孙中山的卧室

孙中山穿的粗呢大衣

两只袖子都磨毛了。一顶礼帽戴得已掉了色。但在正式场合，孙中山总是西装笔挺。虽然上班近在咫尺，但一双白色旧皮鞋每天擦得雪亮。孙中山的办公室没有服务员，喝开水都是自己倒。办公桌上的文件、书籍、文具都是整整齐齐，房间地板上没有一点纸屑和灰尘。卫士们在孙中山的影响下都养成了良好的卫生习惯。

孙中山的起居室是一幢两层楼的中式建筑，坐落在西花园水池旁的一个小院中。楼上是卧室，楼下是会客室兼作餐厅。孙中山就职后，儿子孙科来到南京，与父亲共住在小楼上。1912 年 2 月 15 日，夫人卢慕贞携两个女儿搭船从马来西亚抵达上海。孙中山没惊动任何人，只派了孙科到上海接她们来到南京，也住在总统府的这幢小楼上。这一年，孙中山的大女儿孙娫 17 岁，小女儿孙婉 15 岁。卢慕贞在总统府期间，承担了许多原来由卫士做的杂事，一家人饮食极其简单，多是粗茶淡饭，而且是自己开伙。两个女儿说：爸爸当了大总统，我们还不如在家里吃得好。卢慕贞在总统府只住了一个多月，就回了广东老家。

有一位从扬州来南京的盐商，特地跑到总统府来，要看看这位久仰大名的“平民大总统”是啥模样。盐商一见到孙中山就跪了下来，并行起了三跪九叩首的大礼。孙中山扶起他，连说：“都民国了，这一切都免了吧。”老人说：“就想看看总统是啥模样。”孙中山哈哈笑道：“你看

孙中山及家人在总统府的居住处

孙中山夫人卢慕贞

我不跟大家一样吗？总统在职一天，就是人民的公仆，是为全国百姓服务的。”老人问：“若是离职以后呢？”孙中山回答道：“那不就跟你一样吗？也是老百姓啊。”老人告辞，孙中山一直把他送到大门口，又吩咐卫队长叫辆黄包车拉他回旅馆。盐商十分感慨，逢人便说：“今天，我总算看到什么是民主了。”

孙中山的儿女们

6. 定都之争

清帝退位、孙中山就职后，定都之事便是当务之急。

2 月 14 日，临时参议院召集会议，用投票表决的办法，以决定首都设在何处。表决结果，竟有 20 票主张定都北京，其余为：5 票主张设南京，2 票主张设武昌，1 票主张设天津。到会的大总统孙中山对决议中“首都设北京”这一条提出了强烈的反对意见。林森发言说，由于大总统的异议，本院决定将在次日进行复议。

北京是国都选择之一

黄兴力主定都南京

当晚，孙中山与黄兴一道商量，决定必须在第二天复议时更改过来。孙中山并决定以党的名义连夜通知党人议员，必须按照党的最高领导总理的意愿进行投票。黄兴怒道："明日再不按先生意愿行事，我立即派宪兵将议员绑了起来。"

15日清晨，总统府秘书处官员吴玉章将孙大总统亲自拟就的复议咨文，准备加盖总统大印送往参议院。而此时孙中山已到明孝陵去

南京总统府大门

了。黄兴还没动身，正在穿军服。他厉声对吴玉章说："我马上去东郊孝陵，过了正午 12 时，参议院再不改过来，我立即调兵冲入参院强行通过。"吴玉章连说："务请总长再延缓一下，我尽速办理"。

总统府秘书长胡汉民也知道事情紧迫，故托病未去孝陵。他想，一旦上午不能表决或再次通不过，陆军势必冲进参院，岂不酿成大祸！当他与吴玉章见面后，立即拿来孙中山办公室抽屉的钥匙，取出了大印盖上了咨文。而此时，参议院的同盟会议员们都在焦急地等待复议咨文的到来，以付诸表决。幸好咨文及时送到，立即进行了表决。表决的结果起了根本性的变化，在出席的 27 名参议员中，有 19 人投票定都南京，6 票主张定都北京，2 票主张定都武昌。最后，参议院通过决议，仍以南京为民国首都所在地。

中午时分，孙中山、黄兴诸人谒陵后返回总统府时，参议院已来人报告，首都设南京的复议案已获通过。

7. 唐绍仪加入同盟会

袁世凯在北京就任临时大总统后，精心挑选了一名自己放心的总理，这人就是跟随袁世凯多年，风流倜傥、才干出众的知交唐绍仪。

唐绍仪先后入美国哥伦比亚大学及纽约大学深造，回国后，与袁世凯长期共事。武昌起义后，唐绍仪作为袁世凯的议和全权代表，奔走于南方和北方，对袁氏是有功之人，由他组阁，是再合适不过了。对于临时政府和孙中山来说，唐绍仪与孙中山是广东香山同乡，又是出国留

民国首任总理唐绍仪

洋的新人，思想较为西化。辛亥革命后，革命党人曾多次与他谈判接触，对他印象不错。所以，袁世凯一提名唐绍仪任总理，马上就得到了南方的革命政府及孙中山的同意。经南北双方协商，很快就确定了各部总长的名单。

这一届内阁，外交、军事、财政等实权总长，均掌握在袁系人士的手中，而南方革命党只得到几个没有实权的总长位子。这就是被人们称为“南北内阁”的中华民国政府的第二任内阁，也是第一任责任内阁。因北京临时政府还没有成立参议院，内阁人选须在南京临时参议院表

孙中山与唐绍仪在总统办公室前合影

决通过。3 月 29 日，孙中山与唐绍仪前往参议院提交了总长名单，通过了提名。唐绍仪还发表了政见演说。民国总统在北京就职，其内阁却在南京成立，这恐怕又是民国的一件稀罕事。

北洋总理唐绍仪 24 日到达南京。他在总统府先后会见了孙中山，以及临时政府官员和同盟会会员，并与诸位新老朋友在总统府西花园分别摄影留念。大家在一起畅叙友情，晤谈甚欢。

31 日，孙中山在总统府出席同盟会员饯别会。唐绍仪、汪精卫、胡汉民，各部总长次长，以及徐绍桢、王芝祥等均陪同孙中山莅会。之后，孙中山又隆重设宴款待。宴会上，唐内阁的教育总长蔡元培代表孙中山致欢迎辞。由于

唐绍仪（右一）与内阁成员合影

政见的一致，蔡元培当下邀请唐绍仪加入同盟会。唐绍仪一口应允，并当场填表，宣誓入会。当晚就下榻在总统府与孙中山促膝谈心，直至黎明。

8. 孙中山辞别总统府

4月1日，孙中山宣布正式卸任中华民国临时大总统职。

辞职时的孙中山

这一天，孙中山起得很早。起床后，孙中山逢人就说，从今天起，我就是自由公民了。吃了早饭后，孙中山吩咐卫士去弄几匹马来，说要到东郊去打猎。在胡汉民等人的陪同下，孙中山一行人出朝阳门，直向明孝陵飞奔而去。

孙中山与胡汉民走到一片山坡上。孙中山环顾四周，兴致极浓，心情很好。这一天，天气晴朗，远处方山历历在目，秦淮河像一条玉

孙中山解职前的题词

带逶迤环绕。孙中山慨叹道："展堂，还有你们都来看，这地势比明孝陵的独龙阜还要好，前有照，后有靠，有山有水，气势雄伟，我真不明白，当年明太祖为什么没有选中这块地方。"胡汉民接着孙中山的话说："先生说得对，这里的确比明孝陵好，拿风水来说，叫做前有照，后有靠，左右有山环抱，加以秦淮河环绕，真是一大好墓地也。"孙中山接着胡汉民的话笑着说："我将来死后就葬在这里，那就好极了。"胡汉民即说："先生怎么会想到这个上面去了呢？"这时，只有孙科拿支笔在小本子上记下了什么。

4 月 1 日，临时参议院为孙中山举行了隆重的解职典礼。上午，孙中山郑重其事地穿戴好衣帽，神态凝重而坦然地登车直驱中华民国临时参议院。9时许，孙中山向议员们作了最后一次演说。

孙中山辞毕，即将大总统印绶交还临时参议院。议长林森接过印绶后，即代表参院致词。之后，孙中山公布解职令。

4月2日，孙中山出席了军政各界和社会团体举行的饯别活动。还专程到胡家花园，与友人一一惜别。

孙中山解职前，还为莫愁湖畔的粤军烈士墓题写了“建国成仁”墓碑。

4月3日，孙中山将要以平民的身份离开总统府。

这一天，总统府大堂前张灯结彩，彩旗飘扬。

1912年4月3日孙中山离职前在总统府花厅与官员合影

孙中山解职后，在参议院向议员们辞别时的合影

1912年4月3日孙中山解职后车队驶出总统府大门

孙中山手执礼帽站在办公室台阶的中央，与大家一一握手话别,步出西花园。总统府的大堂前，全副武装的两队卫士持枪行注目礼，文武官员和各界人士立于两侧，一直排到院子里。孙中山面带自信的微笑，颔首从他们面前经过，众人与他们敬爱的中山先生依依惜别。走到院中，孙中山登上一辆外国友人赠送的敞蓬汽车，汽车在卫士的前导下，缓缓地驶出了总统府大门，直向下关火车站驶去。孙中山此行的目的地是

1912年4月3日军政各界在总统府前列队送别孙中山

上海。

孙中山自 1 月 1 日到南京就职那天起，至 4 月 3 日离开，在总统府整整 94 天。

1912年3月下旬，孙中山出席苏皖倡义烈士追悼大会

◎ 北洋群雄　角逐金陵

1. 黄兴伉俪留守南京

1912 年 3 月 30 日，袁世凯任命段祺瑞为陆军总长，并以临时大总统名义，任命原陆军总长黄兴为南京留守府留守，由此，黄兴被削去了兵权。

黄兴

黄兴就任后，表面上按照袁世凯的意图行事，下达了一系列遣散军队的命令，还特地下发了整军令。实际上，黄兴暗中仍在积蓄力量，在裁军的同时，加强了革命党人掌握的第二、三军的兵力，为今后的起事作准备。

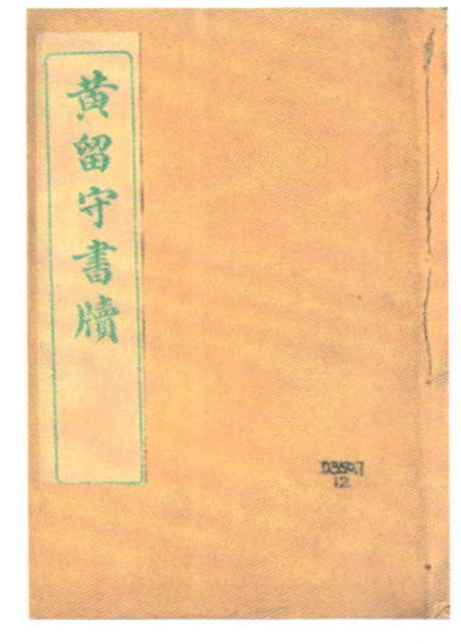

黄兴印鉴及南京留守府关防　　《黄留守书牍》

南京留守府人员大部分由原陆军部抽调过来，黄兴的夫人徐宗汉也来到黄兴身边协助处理军务。留守府成立后，黄兴常在外奔波，府中诸事均由徐宗汉一手操办。因南方军队良莠不齐，军纪废弛，民怨较多。宣统退位后，一些皇亲贵族心犹不死，企图破坏共和，复辟帝制。满清贵族载涛、良弼等利用宗社党组织，创建了“九龙会”潜入军队中，一遇时机即举行暴动，阴谋造成帝制再起的声势。加上袁世凯克扣军饷，“九龙会”则趁机捣乱，导致军队的严重不稳。留守府成立刚 10 天，赣军第七师俞应麓部一个旅 2000 多人趁黄兴离府赴沪筹饷之际，发动了兵变。军官纵兵抢劫商店，滥杀无辜。徐宗汉立即调留守府官兵前往镇压，

黄兴在留守府与军官合影

黄兴夫人徐宗汉与留守府军人

不过几个小时，叛乱即被平息。叛兵七八百人被处死。

因黄兴的留守府对袁世凯的命令“阳奉阴为”，袁世凯遂想方设法除掉黄兴。4 月 13 日，袁世凯任命程德全为江苏都督（驻苏州）。6 月 14 日，程德全奉袁世凯之命率军前往南京，接

黄兴及留守府官兵在大堂合影

管留守府。袁世凯也以“有碍行政统一”为借口，下令撤销留守府。黄兴无奈，加上实力不如人，只得交出权柄。

程德全一上任，在袁世凯的全力支持下，再次向革命党人举刀。先剿灭了北伐先锋团，又解除了安徽都督柏文蔚的第一、第九师武装。程德全在任江苏都督期间，共裁去江南一带革命党人武装 18 万多人。革命党人完全失去了对南方的控制。

江苏都督程德全等在督府西花园

2. 讨袁军三占都督府

1913 年 7 月“二次革命”爆发。15 日凌晨，黄兴命令章梓秘密切断江苏都督府与外界联系的所有电话，同时又派军队迅速进入都督府，宣布江苏已正式独立讨袁，成立讨袁军总司令部，自任司令。接着江苏都督程德全、民政长应德闳和黄兴三人联名向全国发出讨袁通电。同时，黄兴下令苏皖赣徐淮各军北上出击袁世凯。

黄兴宣布独立，触犯了袁世凯的“龙颜”。袁即任命冯国璋为江淮宣抚使兼第二军军长。

江苏都督程德全

讨袁军总司令黄兴

冯国璋即率禁卫军、拱卫军、直隶混成旅诸路北洋大军星夜兼程南下。讨袁军节节败退，内无粮草，外无援兵，已到了山穷水尽的地步。7月28日深夜，黄兴匆匆离开了司令部潜赴上海。江苏代理都督章梓、第一师师长洪承典、第三师师长冷遹等讨袁军高级将领，也纷纷逃离都督府各奔前程。江苏独立宣告失败。

数度占领都督府的何海鸣

讨袁军解体后，直到8月8日，一支驻于苏北的讨袁军部队星夜赶回南京，试图补救局势。一个名叫何海鸣的人占领了都督府，再次宣布江苏独立，自称讨袁军临时总司令。但这次独立在都督府仅维持了六小时。何海鸣被北洋军关押在东箭道的马厩中。后何海鸣又被湘籍子弟兵救出，又一次占领都督府，宣告独立。

此时，陈兵长江北岸的冯国璋大军立即渡江扑向南京，何海鸣又被推为总指挥，指挥部下与袁军展开血战。袁世凯深知南京战略地位的重要，而且讨袁军多是湘人，战斗力特强，

马厩——何海鸣关押处

很不好对付。为了尽快攻占南京，袁世凯向手下各军悬赏，谁先攻入江苏都督府，谁就是江苏都督。在袁世凯的强力悬赏下，张勋的辫军不等友军动作，就率先打响了攻城之战。张勋如法炮制了当年曾国藩攻破太平天国天京城的战法，在城墙下挖了地道，再塞满炸药予以引爆。“轰”的一声，城墙炸塌了一大段。张勋一声狂呼，辫军蜂涌入城，

“辫帅”张勋

辫军

直向都督府杀去，何海鸣已是回天无力，于乱军中杀出都督府，出聚宝门逃遁。

南京城被袁军攻占的时间是 1913 年 9 月 1 日。至此，“二次革命”在南京彻底失败。

3. 张勋大复辟

张勋

张勋在历史上多次复辟，人称“复辟狂”。但第一次，却在南京的江苏都督府中。

张勋的部队是清朝的武卫前军。民国后，张

勋及属下官兵脑袋后的辫子死活不肯剪，张勋说："我将完发见先人，如果谁敢毁我头发，我与他一道去死。"江南一带百姓戏称张勋的军队为"辫军"。

张勋的辫军攻入南京后，下令在江苏都督府内，一切照清朝旧制恢复原样。他差人找回了当年的吹鼓手、炮手，并待若上宾。每天按照旧制，开吹三次，开炮三次。都督府的大堂中，有几十根高大粗壮的圆柱。张勋下令全部漆成朱红色。一时间，都督府和南京城又笼罩着清朝旧制的气氛，俨然一副清朝两江总督署的气派。

张勋还下令，官场一律禁止使用"前清"二字，违者一律处罚。他认为现在就是清朝，

辫军

更谈何“前清”。清朝的官制也一一恢复。民国时期的机构也换成了清朝的名称，如厘捐总办、粮台总办、督销总办、道台、知府、知县等等。清朝衙门里的捕快、差快、老夫子都被请了回来。县太爷审案时，又把孙中山废除了的各种刑具摆了出来。南京的百姓见又变了天，个个噤若寒蝉，敢怒而不敢言。

地方官和都督府的各级官员，都乘起了八抬大轿。地方官到都督府时，先要下轿跪拜，然后递上手本，口必称“张大帅”，然后再跪拜，张勋不说话不准起身。遵照张勋的命令，辫军的官兵一律扒下了民国军服，换上了清朝的蓝底制服。向各军下达命令的方式，也改用了清朝的龙头令箭。军中一律禁挂青天白日旗

辫军

和十八星旗，甚至连民国国旗五色旗也不准挂。张勋特意派人制了一面红底白边、中有一蜈蚣图案的旗子，悬挂在都督府大门前的旗杆上。

张勋在都督府的所作所为，自然也传到了袁世凯的耳中。起初袁还装聋作哑，后来，“民国为何不挂民国旗”的呼声越来越强烈。江苏地方名流纷纷致电袁世凯，要求罢免张勋。外国使领人员也纷纷要求约见袁世凯，对张勋在南京的举动表示“不胜惊讶”。

正在此时，张勋的部下在烧杀中误伤了三个日本人，引发了一场外国公使团发起的“南京交涉案”。日本方面要求中方向日方谢罪，并立即罢免张勋这个怪物。英美等国也趁机鼓噪，向北京的袁政府施压。袁世凯这才感到有点不妙了，急派人到南京向张勋质询，这时，一向对中国人如狼似虎的张勋，才低三下四地来到日本领事馆赔礼道歉。但外国人仍不善罢甘休，袁世凯为了巩固自己的地位，不得不下令罢免了张勋的江苏都督一职，改任长江巡阅使，由冯国璋接任江苏都督。至此，复辟闹剧才告收场。

4. 冯国璋大办婚事

1913 年 12 月，直系军阀中坚、袁世凯麾下大将冯国璋出任江苏都督（后改称“江苏将军”），他虽受宠于袁氏，但他自恃是天津武备学堂科班出身，并不买袁世凯的账，人称“北洋一杰”。他坐镇东南富庶地区，大力扩充军事实力，财源也滚滚而来。袁世凯恐他“尾大不掉”，遂进一步拉拢他，其方式就是“联姻”。于是，袁世凯将自己的干女儿、极得宠信的家庭教师周砥，介绍给冯国璋为续弦，并任命冯国璋为“宣武上将军”。冯国璋并不拒绝，乐得做老袁的女婿。此时的冯国璋已是 55 岁“高龄”。

冯国璋

周砥

1914年1月，冯国璋终于迎来自己的大喜日子，在将军府暨都督府举办了极尽豪华的婚礼。

周砥，字道如，江苏宜兴人氏，毕业于天津女师，擅文章，喜兵书，学问颇为深厚，时已三十出头，尚未嫁娶。这一年1月12日，袁世凯派公子袁克定率周家姻族浩浩荡荡南下南京。这一天，南京下关轮渡码头张灯结彩，冯国璋派人建了一座松柏牌楼，上悬“大家风范”四字的匾额。周氏家族分乘大轿入城，以鼓楼

冯国璋任上修建的西式平房

黄泥岗前交涉局为坤宅。宅前也搭建了松柏牌楼，用五色电灯，勾勒出“福共天来”的字样。冯国璋知道周氏喜习武，就特为派了会武功的军警列于宅前。

周氏族人在坤宅住了一个星期后，至18日下午2时，周氏由坤宅移驻将军府。迎新车队前，是一座移动的红绸彩门，上横书四字“山河委佗”。左右各有对联一副，分为：“扫眉才子，名满天下”；“上头夫婿，功垂江南”。这是冯国璋的老家人、河北旅宁同乡会所赠。江苏将军冯国璋着“宣武上将军”礼服，胸佩勋章，率仪仗队亲往鼓楼黄泥岗坤宅迎亲，随后直入将军府西花园内，好不威风！一时间，南京城区万人空巷，争相目睹如此排场的婚礼大游行。

将军府的大礼堂，冯国璋与周砥举行了现代文明式婚礼。袁世凯特别指定江苏民政长韩国钧为证婚人。仪式上，东西两侧站了男女两排宾客。大总统袁世凯的代表先致颂词，然后，新郎新娘遣人代读答词。继由男女宾客致颂词。新人诵答如仪。司仪再宣布两人对拜三次。至此，婚礼礼成。冯、周二人向宾客一一答礼。

冯国璋的婚礼极尽豪华。不仅将军府内张

灯结彩，就连南京城也轰动一时。袁世凯和冯国璋的部属送到将军府的金银首饰、珠宝玉器等礼物，就达 120 多担。冯国璋在将军府中大宴宾客，足足持续了十多天。

5. 李纯自杀之谜

1920 年 10 月 12 日，江苏督军李纯在督军署寓所暴毙。由于李纯之死的原因众说纷纭，所以在民国的史书上多有所记载，也一直是平民百姓茶余饭后的一个话题。主要有政治谋杀说、自杀说，甚至还有桃色事件他杀说。这事还得从李纯当江苏督军说起。

江苏督军李纯

李纯的直系前任冯国璋“荣升”副总统后，力荐江西督军李纯出任江苏督军一职。1917 年 8 月 3 日，李纯在南京正式就任江苏督军。

1920 年 10 月 11 日，也就是李纯被北京政府授予“英威上将军”后的第二天。深夜,万籁俱寂,钟声敲过了12下。督署后院李纯的寓所灯光还亮着,李纯尚未就寝,李纯夫人王氏早已入睡。大约是凌晨4时许,“呯”的一声枪响划破了督署寂静的夜空。李夫人王氏从梦中惊醒,急忙起身察看,李纯已仰面躺在床上,面色惨白,两眼微睁,气若游丝。王氏吓得魂飞魄散,急令督署侍从召来日本医生须藤诊治。经紧急检查诊断,李纯肺部有血,系被手枪子弹贯穿左胁,已无法抢救。随后,侍从从李纯的枕边发现一把勃郎宁手枪,又在督军办公室李纯的皮包中找到李纯本人写的五封亲笔遗书。

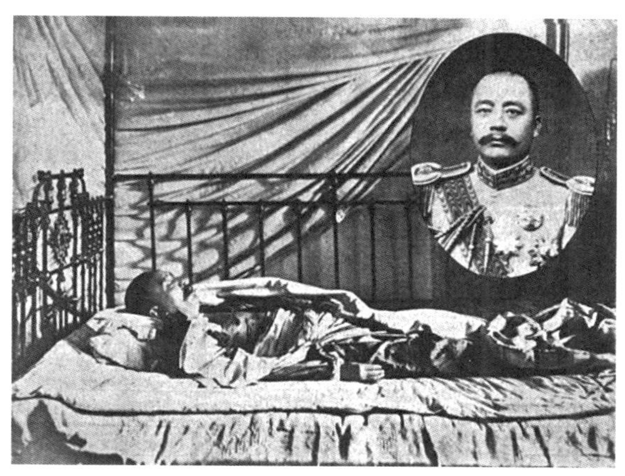

李纯在督署自杀身亡

一省军政主官暴毙，南京震动。李纯毕竟当过主和派领袖，所以孙中山对于李纯之死也颇为关注。他在11月6日给齐燮元的电报中说：“秀公（注：即李纯）之死，北方有力者，屡派人来，谓公自杀，并非实情，中有黑幕，言辞之间，竟有所指……”

鉴于当时的医术尚不能完全断定是自杀还是他杀，所以关于李纯之死因迷雾重重，国内报刊也纷纷登载“独家新闻”，捕风捉影，致使这起血案更是扑朔迷离。

李纯究竟死于何因？迄今仍然是一个谜。

6. 军阀豪强如过眼烟云

1920年10月12日李纯自杀后，齐燮元以李纯遗书为据，理所当然地代理了江苏督军一职。北洋政府控制不了江苏政局，只得下发了委任状。

1924年9月，齐燮元与皖系的浙江督军卢永祥之间爆发了一场混战，又称“齐卢之战”。由于齐军先锋孙传芳立有头功，北京的直系政府论功行赏，加封了孙传芳，卢只好通电下野。

齐燮元

卢永祥

只三个月光景，直系后院失火，皖系段祺瑞当权，第一件事就是报江浙战争失利之一箭之仇，下令免去了齐燮元职务，又特派卢永祥为苏皖宣抚使。齐燮元打算宣布江苏独立，并赖在督军署不肯离去。段祺瑞得势不饶人，派遣奉军张宗昌部，偕卢永祥一同南下攻齐。齐燮元只好逃往上海与孙传芳会合，试图东山再起。

1925 年 1 月 10 日，卢永祥部开入江苏督军署，就任苏皖宣抚使，旋即改称宣抚使署，同时召集散落各地的原浙军旧部，成立了宣抚军。即刻调兵南进，彻底消灭齐燮元。齐燮元

张宗昌

孙传芳

则在上海联合孙传芳，展开反攻，与卢永祥的宣抚军形成了对峙状态。北洋政府又采取分化离间策略，任命孙传芳为浙江军务善后督办，与卢永祥平级。孙传芳立即改变态度，由敌对变成中立。齐爕元全军兵溃上海，溃兵被孙传芳全部收编，孙传芳军事实力大增。北洋政府决定将卢永祥一脚踢开。8月8日，北洋政府任命在倒直战争中的盟友、奉系战将杨宇霆为江苏军务督办。

9月下旬，杨宇霆正式到督署就职。但位子还没坐热，孙传芳号称苏浙皖闽赣五省联军总司令，兵分五路，向杨宇霆部大举进攻，直扑南京。10月18日深夜，杨宇霆溜之大吉。10月20日孙传芳进入南京，占据督署。又于

杨宇霆

11 月全面击溃奉军，正式号称五省联军总司令，并改督署为联军总司令部。

1926 年夏，北伐军出师广东，兵锋直指北洋诸军阀，一路势如破竹。次年 3 月，已攻至南京东郊，孙传芳无力抵抗，就悄悄逃出了联军总司令部，渡江北遁。3 月 19 日，直鲁联军总司令张宗昌从徐州乘火车赶到南京，进驻联军总司令部，企图重新组织防务，以阻挡北伐军。3 月 23 日，北伐军于南京近郊龙潭一役中，击溃直鲁联军的顽抗，取得龙潭大捷。战后，北洋军的抵抗能力完全丧失，残部则退守江北。24 日，北伐军占领南京，开进了督军署。至此，北洋军阀在此盘据长达十五年的历史宣告终结。

◎ 定都南京　枢府春秋

1. 国民政府移驻督军署

1927 年 3 月 23 日，北伐军攻占南京。国民革命军总司令兼军委会主席蒋介石随之暂驻旧督署。后将北伐军总司令部也移设于此处。国民革命军总司令部和北伐军总司令部系两套班子合署办公，人们习惯称之为“总部”。军委会在督署办公，总部则设在西花园。

蒋介石在战场上进展顺利，更加快了“清党”步伐，他先后在南京、上海等地策动反共的“清党”行动,同时,为了使自己更加“正统”，蒋介石以手中掌握的二十万大军为后盾，决心在南京“另立门户”，设立首都。他还通过了一个重要事项，即正式启用“中华民国国民政府”

玺印。

国民政府的成立是很仓促的。因旧督署较为陈旧，而原江苏省议会设施较好，办公场所宽敞；况且江北的战事还在继续，根本就没有精力修缮旧督署。于是，就决定将国民政府暂时设在省议会。一切法定的准备工作程序仅进行了数日就已“全面完成”。

1927 年 4 月 18 日，南京国民政府的成立典礼在丁家桥原江苏省议会举行。国民政府并没有主席之类职务的产生，而是设了四个常委，他们是胡汉民、张静江、伍朝枢、古应芬。

新成立的国民政府，常委以下设秘书长，

国民政府成立典礼要员合影

胡汉民

张静江

以及法制局、印铸局、劳工局和副官长。这种状况，一直到蒋介石任主席后才得以改变。

武汉国民政府的“左派领袖”汪精卫开始反共后，宁汉两个国民政府开始合流 。但汪

伍朝枢

古应芬

精卫坚持要蒋介石下野才肯与南京方面合作共事，并在军事上施压。8 月 13 日，蒋介石发表了辞职下野的“铣电”，之后就避居奉化老家以观风向。

9 月 5 日，汪精卫一行乘“决川”号军舰到达南京，在长江南岸的北河口上岸。军委会首脑李烈钧、白崇禧、李宗仁等军政要员悉数出汉西门迎接，然后分乘汽车风驰电掣入城。当晚，汪精卫下榻西花园。

9 月 8 日晚 7 时，军委会在西花园正式设宴欢迎武汉方面同仁，至 11 时才散席。

9 月中旬，宁、沪（即西山会议派）、汉三方组成的国民党中央特别委员会在南京成立。确定了汪精卫、胡汉民、李烈钧、蔡元培、谭延闿五人为常务委员，谭延闿为国民政府主席，也是南京国民政府的首任主席。另推定于右任等 67 人为国府军事委员会委员，以蒋介石、李宗仁、汪精卫、唐生智、冯玉祥、阎锡山等 14 人为主席团委员。会议还通过了国民政府各部部长和大学院院长的人选，还设立了监察院。

9 月 15 日上午 11 时，特委会在西花园举行谈话会。宁、沪、汉三方谭延闿、朱培德、李烈钧、孙科、伍朝枢、于右任、宋子文、程潜、蔡元培、李宗仁、居正等30多人出席。次日下午2时，在西花园再次开会，议定了一系列重大事项。

一时间，旧督署的西花园成为中国政治的中心、全国舆论关注的焦点。

因宁汉两个国府的合并，原设省议会的国民政府房舍显得拥挤不堪，而国民革命军总司令部在旧督署（即当年孙中山大总统府）办公，当局认为，国民政府改设于此最为合宜。于是，1927年9月20日，新一届国民政府委员和军委会委员在新办公地址举行了极为隆重的就职典礼。同日开始大搬迁，国民政府从原省议会开始迁往旧督署，中央党部从成贤街迁至原省议会，军委会则移驻西花园的西花厅，国民革命军总司令部由西花园迁至南京铁汤池新址。国民政府的搬迁，一直到10月1日才告结束。

2. 首任主席谭延闿

南京国民政府主席一职的设立，是在1928年2月，主席是谭延闿。

谭延闿在国民党内素以八面玲珑而著称。国民党内的新派人物宋子文因年轻资历浅，不被老一辈所看重。唯独谭延闿“慧眼识人”，他认为，宋子文今后必堪大任，遂对他大力提携，竭力推荐。因此，宋对谭很是感激。广州国民政府成立后，谭延闿因“人缘”而被推为国府委员和军委会委员。1927年国民政府迁都武汉后，谭延闿步步高升，又被推为代理主席。在武汉期间，谭延闿以“左”的面目出现，甚

国民政府首任主席谭延闿

谭延闿（中）与伍朝枢、孙科合影

至改号为“左庵”。同时又与南京国民政府和蒋介石频频联系，因而，南京和武汉两方都认为谭延闿是可用之人，人们送他一个雅号叫“药中甘草”。

1928 年 1 月，蒋介石复职。他首先想到了谭延闿，并力荐他出任国府主席。谭延闿也乐得去为蒋介石这个小字辈效力，并不避讳这个空头主席。2 月，谭延闿正式就任国府主席一职。在蒋介石外出征战桂系和冯玉祥、阎锡山时，

谭延闿（左七）任国民政府主席时的合影

谭在南京国民政府中"恪尽职守"，令蒋介石很是放心。

这一年，云南的龙云、山西的阎锡山相继宣布效忠南京国民政府。张学良的东北军 也即将"易帜"，全国"统一"在望。这时，踌躇满志的蒋介石不愿再让这位"药中甘草"继续呆在国家元首的位子上了。谭延闿倒也识相，当他知道蒋介石的意图后，泰然处之，立即将主席的位子拱手让出，自己则去做了行政院长。国家元首的宝座，只坐了不到十个月。

10月，蒋、谭二人正式到任视事。谭延闿任行政院长，蒋介石则任国府主席。

谭延闿在国府主席的任上严格信守"三不主义"。即一不负责，即重大事情，总是推给蒋介石或其他人去处理，去决断。二不建言，就是不轻易发表意见，你们不同意我不吭声，你们点头我就赞成。三不得罪人，遇事绕着走，做好好先生。开国府委员会议时，他只是主持一下会议，宣布一下议程。别人激烈争论，他却闭目养神，直到散会才伸个懒腰。谭延闿做人有个秘密，他曾对人说过一句真心话，说做人要"允执厥中"，其核心在于"中"字。如

此之人当国民政府主席，蒋介石当然是一百个放心了。由此，谭延闿在任行政院长后，又得了一个雅号：伴食宰相。

谭延闿祖上世代为官，自幼写得一手好字，即使在任主席和院长期间，仍是练字不辍，书法功底日见深厚。自他当上主席后，其字更是随着地位变动而“行情”猛涨。国民政府门楼、行政院及所属许多院部的招牌字，都出自谭延闿的手笔。而许多达官贵人、名店名厂，都以能得到谭延闿所赐的墨宝而荣耀，就连蒋介石对谭的字也极为赏识。谭延闿酷爱美食，尤其喜食鱼翅，又有“无翅不成席”之说。

東晉至今近千年書跡傳流至今者絕不可得快雪時晴帖晉王羲之書歷代寶藏者也刻本有之今乃得見真跡臣不勝欣幸之至延祐五年四月二十一日翰林學士承旨榮祿大夫知制誥兼脩國史臣趙孟頫奉勅恭跋

快雪時晴帖今尚在故宮古物保存處流傳有緒能無可疑然亦有言其偽者

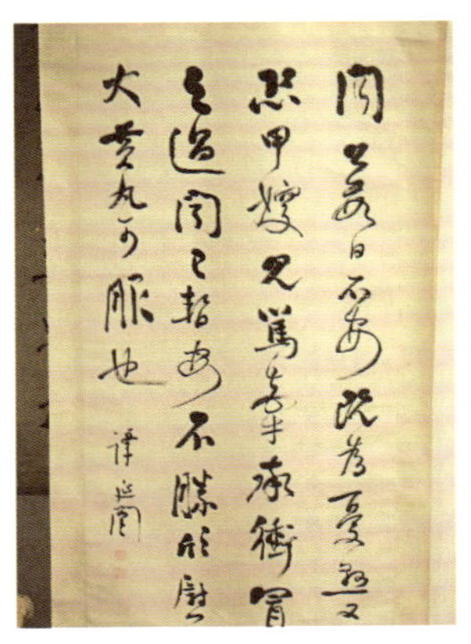

谭延闿书法

谭延闿墓 祭堂

1930年9月22日，行政院长谭延闿患脑溢血在南京病逝,结束了他“为官长乐”的一生，年仅55岁。蒋介石很是悲痛，为了纪念这位前主席，蒋亲自下令全国下半旗致哀三天，停止娱乐活动三天，给予治丧费1万元，并在国府礼堂致祭三天。但直到1931年9月4日，也就是大约一年后才举行了盛大的“国葬”。蒋介石

谭延闿葬礼

时在武汉指挥战事，为此亲自从武汉前线赶回为谭延闿执绋主祭。国民政府为之选择了一块地修建了陵墓，位于中山陵东侧的灵谷寺，其风水之好，气势之宏伟，仅次于中山陵。国民政府亲自礼聘了著名建筑师杨廷宝为之设计了与山林融为一体的陵墓。财政部长宋子文为报答谭延闿的知遇之恩，特为拨了专款。

胡汉民挽曰：景星明月归天上，和气春风在眼中。对谭延闿的性格刻划可谓入木三分。

3. 蒋介石大权独揽

1928 年 10 月 10 日，蒋介石以国民革命军总司令正式就任国民政府主席，并总揽行政、立法、司法、监察、考试五院大权，外加海陆空军于一身。就职典礼在国民政府礼堂举行。吴稚晖授印并致词。接着，蒋介石受印致答词。全体国民政府委员宣誓就任。主席办公室先设在原

蒋介石

新落成的国民政府大门

孙中山的临时大总统办公室，以后又移往二十年代落成的一幢西式二层楼上，即后来的国民政府政务局办公楼。

新一届国民政府下设五院，原国府主席谭延闿为行政院院长，胡汉民为立法院院长，王宠惠为司法院院长，蔡元培为监察院院长，戴传贤为考试院院长。另冯玉祥、林森、张继、孙科、陈果夫分任五院副院长。李宗仁任国民政府军事参议院院长，

谭延闿

蒋介石任主席后的合影

胡汉民

王宠惠

蔡元培

戴传贤

蒋介石与“国军编遣会议”代表合影

李济深为国民政府参谋部部长，何应钦任国民政府训练总监部部长。

行政院各部长人选为：内政部长阎锡山，外交部长王正廷，军政部长冯玉祥，交通部长王伯群，铁道部长孙科，工商部长孔祥熙，农矿部长易培基，教育部长蒋梦麟，卫生部长薛笃弼。

18 日，国民革命军总司令部撤销，南京铁汤池的办公处改为国军编遣委员会。蒋介石的国民政府主席办公厅仍设在旧督军署。蒋介石上任后，就把原来的总司令部人员调了不少到国府来，而且人人升官加薪。如总司令部的一名中校秘书，月薪 175 元，到国府任秘书后，薪水一下就涨到 600 元。总司令部的上尉衔军

官，月薪80元，到国府后即涨到120元。

蒋介石时期的国民政府有办公厅机构的设置。以下设有文官处和参军处，及下属的文书局和印铸局。印铸局在国民政府刚成立时，因各部门都急需用印章行使权力，所以日夜设计赶制大印。国民政府官印的铸造尚需时日，一开始就一块木头刻制了凑合着用。后来通过正式下达文件，才将印文确定下来，并铸制了一枚铜印。正式官印的印文为：中华民国国民政府印。一般以国民政府名义行文的文件，均是启用该印。镇国之印的印文为：中华民国之玺。刚启用时也是铜印。一段时间后，才选用了质地优良的玉石，镌刻了玉印。印钮有四爪，爪内镂空，每爪上刻7颗五角星，正中是国民党党旗党徽，成为名符副其实的“玉玺”了。

中华民国玺印

1928年12月20日，英国驻中国公使蓝普森在国民政府二堂向主席蒋介石呈递了国书。这是南京国民政府成立后第一次、也是蒋介石第一次接受外国使节递交国书。

1931年6月，蒋介石以国

1929年蒋介石以元首身份接见外宾

民党三届五中全会的名义修改了《中华民国国民政府组织法》，进一步扩大了主席的权限，规定“五院院长、副院长、陆海空军副司令、直属各院部会长，以国民政府主席提请任命”，“国民政府公布法律、发布命令，由国民政府主席依法署名行之”。此次修改后，已由过去的合议制，改为主席集权制。蒋介石的权力越来越大。

4. 林森登上主席“宝座”

蒋介石就任国民政府主席后，一步步走向

独裁。与国民党元老立法院院长胡汉民之间发生了“立法之争”。蒋介石竟然于1931年2月下令软禁胡汉民，从而导致了国民党的又一次大分裂。1931年5月南京和广州方面发生了严重的对立。迫于国内各种势力的强大压力，蒋介石于1931年11月15日再一次宣布下野，辞去了国民政府主席兼行政院长职务。也就是同一天，国民党中央推举林森为国民政府代理主席，陈铭枢代理行政院长。

第二任国民政府主席林森，任期：1931年12月–1943年8月

由于蒋介石的下野，各派合作的障碍已不复存在。于是，在1932年1月1日，一个统一的国民政府再次在南京成立，林森在国民政府礼堂宣誓就任国民政府的第三任主

1936年1月，林森任主席时建造的国民政府办公楼落成

席，孙科任行政院长。

林森为何能坐上国民政府主席的宝座?

林森1867年出生。1905年加入同盟会。辛亥革命中，他参与策动九江新军反正和海军起义。1912年，林森以其在辛亥革命中的功绩，深得孙中山的信任，出任了临时参议院议长。以后任过北京政府的参议院议长、众议院全院委员会委员长、福建省长、广州非常国会议长、护法军政府外交部长等职。国民政府成立后，林森曾是五常委之一，是同盟会和国民党的元老。

而国民政府主席一职，国民党在上海的一次会议就已经议定，不负任何政治责任。梁寒

1932年1月1日，林森就任国民政府主席后，在国府大堂与军政主官们合影

候选人之一蔡元培

候选人之一孙科

候选人之一于右任

力荐林森担任主席的陈铭枢

超曾提出，国民政府主席人选一定要是“年高德劭”者担任。蒋介石最初嘱意于右任，汪精卫则倾向于蔡元培，还有人认为孙科最合适。各人有各人的理由。

而国民党内的大多数意见都认为林森更符合这四个字。胡汉民在给汪精卫的一封信中说：“今天的国府主席，不负任何政治责任，谁都可以当。不过，还是慎重点好。以我的意思，以林森最合适。”国民党的另一元老级人物陈铭枢也力主林森出任主席。蒋介石、汪精卫虽然是各有所嘱，但不能不尊重胡汉民等党内众多的意见。也正是因为主席不负任何政治责任，蒋介石也认为由林森出任主席，的确比于右任合适，一来林森最符合“年高德劭”的这四个字，二是国民党内的各方都能接受，可以团结党内

林森在国民政府接见外宾

大多数，进而实现党内的大团结，三也能体现他蒋某人的肚量。最后，蒋介石终于决定将林森推上国民政府主席的宝座。林森出任国民政府主席时，已是64岁老翁。

5. 汪精卫目中无主席

行政院院址设在国民政府东院，1930年9月22日首任院长谭延闿突发脑溢血病逝，院长一职先由宋子文代理，不久，汪精卫就回国接任了行政院长这一要职。于是，中国形成了蒋介石主军、汪精卫主政、两人共同主党的局面。

汪精卫当行政院长时，林森任主席一职才一年多。当时，国民政府与行政院仅是一墙之

与国民政府大院一墙之隔的行政院

隔，主席办公室与院长办公室遥遥相望，甚至互相都能看得见。但因汪精卫知道林森是不负政治责任的“虚位”元首，而且国民党中上层也常有人讥讽林森只是个“看印”的，所以汪精卫并没有把林森这个国家元首当回事。直到一个多月后，汪精卫的一个幕僚提醒说，是否应去参谒一下林子超林主席了。汪精卫这才想到，自己一个政府首脑，上任这么久了，居然“忘记”要去参见国家元首。于是，急忙派人去林森官邸通报，并发了帖子，说次日将率全体阁员前往参见林主席。第二天，当汪精卫和部长们一行浩浩荡荡来到林森的石板桥官邸时，却

1930年代，林森外出视察，汪精卫随后

1932年3月，林森、冯玉祥、汪精卫等在行政院举行的招待会上

1934年10月，林森、汪精卫在国民政府接见美国驻华大使詹森（左三）

吃了一个闭门羹，林森早已不知去向。众人感到很是诧异，惟汪精卫心中有数。万般无奈之下，汪一行人只好留下名片，打道回府。

而就在当天下午，林森却亲自来到了行政院，回拜了院长汪精卫。见到汪精卫，林森就说："上午院长大驾光临，不敢参见大礼，所以回避了，请见谅。"一席话，令一向能言善辩的汪精卫很是尴尬，不知说什么好。这件事在国民政府上层曾被传为笑谈。

林森虽然是不负责任的主席，一些例行的公文虽不参与决策，但还是要过一下目的。而行政院长汪精卫则经常在这方面"忘记"或"疏漏"。更有甚者，行政院呈送国民政府的文件，其副本已通过其他部门转到国府文官处，而行政院的文件正本却还没有送到国府。对此，林森心中有数，就常派人到行政院"移樽就教"。只要国府文官处的人一上门，汪精卫就会闹个大红脸。

6. 林森与蒋介石

林森与握有权柄的行政院长蒋介石之间的关系十分微妙。蒋介石对林森一向是执礼甚恭，以长辈看待。林森一上任，蒋介石对他总是客客气气、问寒问暖，面子上的事是说得过去，但从无深谈。蒋介石先把自己在国民政府的办公室腾出来给林森用，在生活上对林森特别关照。

林森对生活不讲究，他在石板桥的官邸很简陋，连起码的卫生条件都不具备。南京的冬天很冷，洗澡成了大问题。蒋介石就吩咐部下将自己在东郊汤山别墅的专用温泉浴室让出来给林森使用。林森也不客气，欣然笑纳，每周都要去一两次。

当蒋介石听说林森官邸连警卫的卫兵都不

林森和蒋介石

1932年，林森与蒋介石晋谒中山陵

能保证时，立即派了一个班的宪兵前往，常驻林森官邸周围。林森对蒋介石也是以礼相待。见了蒋介石的面，总是称委员长、蒋院长或蒋总裁，写信的抬头总是写“介石吾兄”。蒋介石母亲病逝时，林森亲自为之写了诔文。蒋介石在奉化为其兄治丧，林森“屈尊”偕冯玉祥、阎锡山、居正等人亲往奉化吊唁。

虽然林森对蒋介石无任何妨碍，但蒋介石也会对林森有所猜疑。一次，国民党中央召开一次比较重要的会议，内容涉及蒋介石与胡汉民的矛盾。林森应列席会议，但会议开始后，蒋介石发现林森并未到会。一问才知道，林森因生病发高烧请了假。蒋介石想，是不是因为林森与胡汉民的关系而有意不参加会议。当夜，蒋介石突然驱车来到林森官邸，对侍从说是来探望林主席的病情，不等禀报就径直走到林森的病榻前。对于蒋介石的这一举动，连文官长魏怀都感到有点吃惊。当神色凝重的蒋介石亲眼看到林森的确烧得满脸通红时，这才和颜悦色地向魏怀询问了林森的病况。临走时，蒋介石特意关照说："请魏文官长认真加以护理，如需要可到我的官邸请我的私人医生

林森与蒋介石、孔祥熙（左）

来。”深夜探访病人，对于蒋介石来说，是绝无仅有的事。

7. 国府主席“林子超然”

林森任国民政府主席之后，因是“虚位”，社会上不免有一些议论。加上林森处事谨小慎微，一些党政要人往往对他“视若无物”，京沪各报冷潮热讽也时有之。但林森给终不为所动，安之若素。后来曾发生了这样一件事：

江苏省教育厅有一位编审叫易君左的，曾著有《扬州闲话》一书，由上海中华书局出版。他在书中列举了少数扬州人的陋习和

悠然自得的国府主席林森

林森的题字

缺点，多有不恭之处。结果引起了扬州人的强烈不满，他们对易君左纷纷加以指责，这事在南京也闹得沸沸扬扬。这位易编审也不是省油的灯，在报上连续著文争论不休。结果，一位好事者就易君左的《扬州闲话》一书，在一家报纸上出了一个上联，以征求下联。上联曰：

易君左，闲话扬州，引起扬州闲话，易君左矣。

一时间，不少应对者纷纷写出下联。但不是牵强附会，就是缺乏文采，没有一联贴切的。过了好久，社会上终于出现了一个下联，登在某小报上，其文字是：

林子超，主席国府，连任国府主席，林子超然。

林森游历名山大川

1935年9月，林森在安徽视察时在黄山留影

一时间，南京以至江南一带文人，都认为这个下联，既工整对仗，又吻合切题，还针砭了时政，实在是一个好下联。于是，引来一片喝彩声。这成为当时的一大趣闻。这一对联，对林森任国府主席的讽刺是很明显的，报纸竟然拿国家元首来做茶余饭后的笑料，在一些人看来真是大逆不道。林森当然看到了这副对联，但他只是拂须淡淡一笑，说了一句："难得，难得。"后来有人说，这个下联，恰恰是对了林森的脾性，林主席真是"超然"也。

林森与家人的合影

8. 迁都重庆

早在 1932 年上海“一二八事变”爆发后，也就是林森担任国府主席仅一个月，国民政府就曾迁都洛阳。

1937 年 8 月 13 日，淞沪战事再起。首都南京受到威胁，国民政府再次作出了“迁都”的决定。

10 月下旬，战事日渐吃紧，迁都之事已迫

1932年1月，林森率国民政府离开南京西迁洛阳

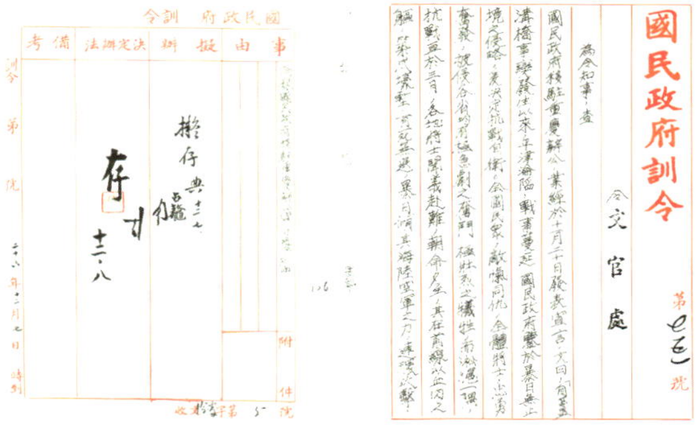

國民政府訓令

事由 | 擬辦 | 決定辦法 | 備考 | 附件

擬存 十二.八

國民政府訓令 第　號

令文官處

為令知事。查國民政府移駐重慶辦公，業經於十一月二十日發表宣言，文曰：「自盧溝橋事變發生以來，平津淪陷，戰事蔓延，國民政府鑒於暴日無止境之侵略，爰決定抗戰自衛，全國民眾，敵愾同仇，全體將士，忠勇奮發，被侵各省，均有極悲壯之犧牲，而淞滬一隅，抗戰亘於三月，各地將士，聞義赴難，朝命夕至，其在前線以血肉之軀，築成壕塹，有死無退，暴日傾其海陸空軍之力，連環攻擊，

国府迁都训令

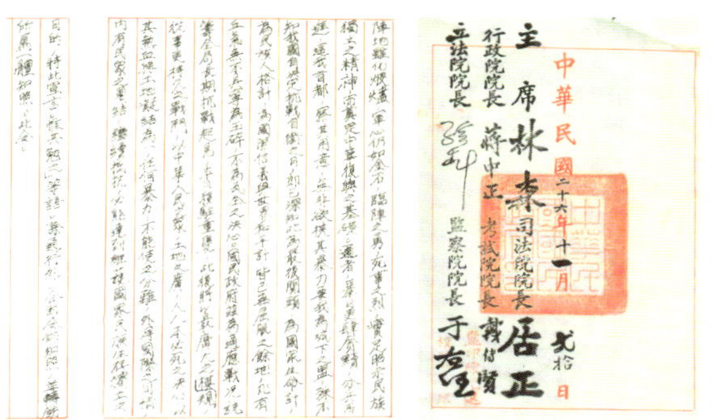

陣地雖化灰燼，軍心仍如金石，臨陣之勇，死事之烈，實足昭示民族獨立之精神，而奠定中華復興之基礎。邇者暴寇更肆貪黷，分兵西進，逼我首都，察其用意，無非欲挾其暴力，要我為城下之盟，殊不知我國自決定抗戰自衛之日，即已深知此為最後關頭，為國家生命計，為民族人格計，為國際信義與世界和平計，皆已無屈服之餘地，凡有血氣，無不具寧為玉碎，不為瓦全之決心。國民政府茲為適應戰況，統籌全局，長期抗戰起見，本日移駐重慶，此後將以最廣大之規模，從事更持久之戰鬥，以中華人民之眾，土地之廣，人人本必死之決心，以其熱血與土地凝結為一，任何暴力，不能使之分離，外得國際之同情，內有民眾之團結，繼續抗戰，必能達到維護國家民族生存獨立之目的。特此宣言，惟天鑒之。」等語。除分行外，合亟令仰知照，並轉飭所屬一體知照。此令。

主席　林森

行政院院長　蔣中正

立法院院長　孫科

司法院院長　居正

考試院院長　戴傳賢

監察院院長　于右任

中華民國二十六年十一月弍拾日

国府训令　　国府训令

在眉捷。

10 月 30 日，国民政府在三楼会议厅举行国务会议，商讨迁都等具体事宜。包括蒋介石在内的在南京的所有实权人物都出席了会议。次日，即以国民政府名义发表了宣言，昭告全

中華民國二十六年十一月二十一

國府移駐重慶

宣告中外繼續抗戰

湘鄂贛皖

四省府

国府迁都的报道

军将士“国府决定迁都重庆，继续抗战，以争取最后胜利”。

11 月 12 日，日军已攻入上海市区。消息传到南京，行政院长蒋介石赶紧前往国民政府拜见林森主席，紧急会商迁都之事。蒋介石向林森汇报说：“上海战况不好，国军吃紧。四川以两年多的部署，近日整顿军政业已完成，作为民族抗战复兴基地，为国府办公理想之处。迁都之事，宜尽快进行……”林森表示完全赞成。15 日，蒋介石主持召开代行国民党中政会职权的国防最高会议，决定：“国民政府及中央党部迁重庆……”

会议正在进行之时，林森一行人赶到会场。与会者全体起立向主席致意，林森双手抱拳向大家作揖道：“老夫就要离京，我这就向各位告辞了。”大家相对无言，只是愣愣地看着这位七旬老翁。临行前，林森动情地说：“我老了，今生再回南京，不作此想了……但你们一定会抗战到底，坚持到最后胜利。”说到此处，几近哽

1937年国府西迁重庆途中的林森座舰

国民政府西迁的船队

咽。蒋介石安慰他说："林主席，走吧，这是没有办法的事啊。"全场又是一片静寂。这时，张群出来打了圆场："大家都别难过，林主席不上别的地方去，是上重庆啊，重庆，就是重复庆祝嘛。"

16日晚，天空擦黑，伸手不见五指。日军飞机白天轰炸了南京后，晚上是不会再来了。由于实行了灯火管制，南京的街道也是一片黑暗。林森率文官、参军、主计三处官员，来到了中山码头，立即登上了海军的一艘军舰"永绥"号。随行医生、国府侍卫队、军乐队等其他官员，则登上

国府西迁后，南京沦陷

客轮“龙兴”号。没有灯光,也没有汽笛声,人群中也是鸦雀无声，一切都在黑暗和无声中进行着。就这样，船队载着国民政府的全班人马，无声无息地向上游驶去。于26日，国民政府到达了“陪都”重庆。下午2时40分，重庆朝天门码头举行了隆重的欢迎仪式。军舰鸣礼炮21响。但林森在上万人的欢迎下，心情沉重，默默无语。

不多久，南京保卫战失利、国民政府沦于日军之手的消息传来，林森的悲伤之情溢于言表，他最终没能回到南京。

◎ 国府还都 昙花一现

1. 国民政府重归旧府

1946年1月8日，重庆国民政府文官处致函已先期回京的南京市政府，称“还都”在即，国民政府亟待修葺，必须确保“还都”日程按期进行。这时的国民政府大院，到处破烂不堪。屋顶漏雨，油漆脱落。1936年落成的“子超楼”，五层、六层平台均大面积渗水。西花园的绿化带大部被毁。

经各厂家连夜赶工，终于在1946年5月初，国民政府大院的维修工程如期完成。1946年4月30日，国民政府在重庆下达“还都令”，决定于5月5日正式“凯旋”南京。

5月3日，国民政府文官长吴鼎昌乘坐的

1946年还都时的国民政府大门

抢修完毕的国府礼堂

飞机，由重庆直飞南京，于下午2时降落在明故宫机场。吴鼎昌手捧“中华民国之玺”的大印走下了飞机。机场上还举行了一个简短的迎玺仪式，各院部会署代表与吴文官长合影后，

还都时建造的牌楼

吴即在一群警卫的护送下，驱车直开国民政府“子超楼”。

5月5日，国民政府“还都”大典在中山陵举行。仪式结束后，又在国民大会堂举行“首都各界庆祝还都大会”。下午4时，国民政府在国府礼堂举行了隆重的中外宾客招待会。这就是人们所说的著名的“五五茶会”。

國民政府五日凱旋南京

今日頒佈還都令

望全國軍民同心一德保持戰果

今後四川永為安定國家之重心

蔣主席告四川同胞

还都报道

这一天，国民政府门前的国府路上，搭

还都后国民政府在礼堂举行活动

还都大典时的蒋介石（中）

起了一座巨大的牌楼，上书“庆祝还都”四个大字。大门的门楼，扎满了苍松翠柏。大堂长廊的两侧，放满了鲜花。大堂上，斜插着民国

国民政府还都大典在中山陵举行

国旗和国民党党旗。

午后，即有不少人持一本大红请帖来到国府礼堂。汽车也都贴上了特别通行证。出席茶会的，多是各界要员和社会名流，以及外国使节。马歇尔到了，苏联大使彼得罗夫也来了。

国府大门两侧，仪仗队林立，警卫森严。大门内设了两个签名台，中外人士各签一处。进了大门，一条红地毯铺进了长廊，一直延伸到“子超楼”的台阶上。

下午 4 时 30 分，身着黄呢军服的蒋介石，与夫人宋美龄手挽着手，从国民政府办公楼款款而出，直向礼堂走去，并不断向长廊两侧站

周恩来与张群

满了的宾客颔首致意。此时的蒋介石，一脸灿烂，心情是何等的舒畅……宋美龄，则是满面笑容，仪态万方。

蒋氏夫妇刚跨入礼堂，军乐队即奏起欢快的乐曲。茶会正式开始。蒋介石以极为轻松的心情，周旋于中外来宾之间。宋美龄则不断为外宾用英文签上自己的名字，为中国记者和客人签下的总是“胜利还都”四个字。5时30分，蒋氏夫妇先行离去，整个茶会到6时多才曲终人散。喧闹了一天的首都南京这才安静下来。

国民政府还都南京后，国共两党谈判的中心立即从重庆移到了南京。周恩来率中共代表团两度来到国民政府大院，与蒋介石、张群等人就停止内战等问题继续进行谈判。

2. 总统府最后一张“全家福”

1948 年 4 月，国民政府又召开了“行宪国大”。蒋介石决定，将“中华民国国民政府”改称“中华民国政府”,改国民政府主席为“总统”。这次会议的一个重要内容，就是选举总统。

会议进行到 4 月中旬，选举总统和副总统进入了白日化阶段。蒋介石为了标榜民主，还拉了国民党元老居正为总统“候选人”。结果，

蒋介石在总统府接见宾客

“总统”当然非蒋莫属。可副总统的选举即突起波澜。候选人一共有五人，他们是李宗仁、孙科、程潜、徐傅霖、莫德惠。蒋介石嘱意让孙科上，可李宗仁偏不买账，桂系集团全力拥戴李宗仁。选举结果，李宗仁以 1163 票当选“副总统”。

5 月 20 日，是总统、副总统的就职典礼日。典礼在国民大会堂举行。事前，李宗仁向蒋介石请示，典礼上二人应穿什么服装。蒋对此早有打算，就说穿西装大礼服。于是，李宗仁当天就去找了上海著名的西装裁剪师，赶制了一套硬领西装大礼服。可就在典礼举行的前一天，李宗仁忽然又接到蒋介石的手谕：典礼一律着

“行宪国大”的会场

正、副“总统”夫妇合影

常用军服。李宗仁只好照办。

就职典礼开始了。在21响礼炮声之后，监选人吴稚晖首先出场。接着,是一文一武出现了,文的是洪兰友，武的是黄镇球。一会功夫，在全场的嘱目下，蒋介石首先出现在讲台上。几秒钟后，李宗仁也出来了。李宗仁一见蒋介石的模样,顿时傻了眼。只见蒋介石光着脑袋,穿一身青色长袍马褂，前胸佩一枚青天白日勋章，显得斯文庄重，很有点学者风度。而李宗仁呢，他按蒋介石的意思，穿了一件笔挺的军便服，胸前的勋表挂了好几排，头发也梳得油光发亮。站在蒋介石的身边，一个

蒋介石、李宗仁就职后与党政军要员合影

大副官模样。在强光的照射和全场的注目下，李宗仁非常窘迫。

接着，监察院副院长周钟岳、大主教于斌分别向蒋介石和李宗仁授予当选证书。之后，蒋介石与宋美龄、李宗仁与郭德洁两对夫妇，在记者们一片闪光灯下，做出了亲密无间、晤谈甚欢的姿态。

仪式结束后，蒋介石一行又来到总统府“子超楼”前合影。摄影师来自南京著名的光华照相馆。参加合影的，除了在前线作战未能回南京的外，所有的党政军要员均参加了。几天后，照片印了出来，由吴稚晖题写了一行字“中华民国总统就职纪念摄影 一九四八年五月二十日”。这也是国民党高层在南京的最后一张“全家福”。

主席变“总统”后，国民政府自然也要改为总统府。国府路大门上原有的“国民政府”四个大铜字，是由已故国府主席谭延闿所书。当总统选举结束后，国民党的著名书法家、总统府资政周钟岳专门赶写了“总统府”三个大字，因时间紧，总务局官员只得派人用木头锯了“总统府”三字，再贴上了金箔，匆匆地钉上了整修一新的大门门楼上。

3. 蒋介石出入总统府

蒋介石“当选”总统后，大部分时间还是在距总统府不远的黄埔路原中央军校的“憩庐”官邸，只是例行公事时才到总统府来，如接见外宾，接受外国大使递交国书，召集重要会议，参加每星期一的总理纪念周等等。他虽然不在总统府，但总统府中有一套完整的机器在运转着，随时向蒋介石请示汇报。

蒋介石接见美军将领

蒋介石黄埔路官邸——憩庐

从蒋介石的官邸到总统府，坐汽车只需十几分钟。但每次蒋介石到达前，总是由总务局事先周密布置，以防不测。沿途的警察局、派出所长官均是从原侍从室中调派。当蒋介石的车队出发后，沿线黄埔路、中山东路、汉府街，实行半戒严，进入国府路后，则是全戒严。如蒋介石与外宾车队通过，则是三步一岗，五步一哨，每个岗亭必须通知下一个岗亭，一站站传下去，直至总统府大门口的哨兵。汽车驶入国府路时，大门立即按铃，通知院内的仪仗队作好准备。车队一进大院，立即吹号奏乐。这时，

蒋介石步出总统府

总统府参军、局以上办公室的信号灯一起亮起来，电铃连响三声，表示蒋介石一行已经入府。

蒋介石的座车可以驶入大堂，到二堂下车。但其他车辆到大堂前必须停下。蒋介石下车后，一踏上台阶，麒麟门就开启，蒋介石进门穿过磨石子甬道，过政务局，直入“子超楼”，登上美制“奥迪斯”电梯，到达二楼办公室。有时则不去“子超楼”，就在东、西会议室办公或会见宾客。蒋介石的警卫车就停在大堂外，便衣侍卫则在大堂内外流动警戒。总统府每两周要举行一次国务会议，地点就在“子超楼”三层

的会议厅。参加者为总统和副总统，立法、司法、行政、考试、监察五院的院长和副院长、委员等人。每人的座位前都有一块小牌子，上面注明了职务名称。蒋介石只要在南京，必然到会，座席就是会议室正中的一张高背皮靠椅。蒋介石不在时，就由五院院长轮流主持。这样的会，多是讨论通过一些蒋介石与军务局和政务局早就商定了的事项。

蒋介石到总统府来，还有一项重要的事，那就是外事活动。外国大使递交国书，外国元首或其他领导人到总统府拜会总统，蒋介石只要在南京，是一定会到的。如实在有事脱不开身，

“总理纪念周”

就委托行政院长代行。类似的仪式很隆重，会见国宾和递交国书仪式，一律铺有回形纹红地毯。如呈交国书仪式，大使的汽车开到大堂前，下车后，沿着地毯步行到礼堂门口。由礼宾官员引至二堂止住。双方照面后，军乐队奏中华民国国歌，大使双手向蒋介石递交国书，蒋致答辞。之后，由外交部长与典礼局长把使节介绍给蒋介石，并与总统府参军、秘书等见面，再上台阶照相。大使或宾客离开时,奏该国国歌。

每个星期一的上午，各院部会署、党部都要举行纪念孙中山的活动,名为“总理纪念周”。这是为纪念孙中山而举行的一个仪式，每周一上午9时举行，每次不超过一小时。

4.“九月总统”黯然下野

蒋介石登上“总统”宝座不久，就开始放手大打内战，但却在战场上一再失利。随着战线的逐步南移，总统府中人心也更加不稳，上上下下都笼罩着一股悲观的气氛。对于各部门送来的大量材料，只是敷衍了事地批上“拟存”，或转出去了事。

蒋介石离开南京后，在复兴岛向军事将领训话

军务局接到指示，必须每天 24 小时值班，有情况务必随时通报。当时，国民党军的战场起义不断，军务局每天都要接到这类“令人揪心”的情报。后来，这类情报太多了，连军务局的人都看烦了，所以干脆就一搁了事。更有甚者，有的总统府官员私下议论说，我们局的宿舍就在总统府院内，如果隔壁的卫戍总司令部来个哗变，我们不都完了吗？

1948 年 12 月 31 日，是阳历除夕。蒋介石在黄埔路官邸举行了党政军要员聚餐会。这是国民党“最后的晚餐”。蒋介石强打精神发表了一番讲话，仍是老调重弹：“战争虽然失利，但我们还有西北和华南的大片土地，还有长江天堑。只要上下一心，就能夺回胜利……”竭力为文武官员们鼓劲打气。

第二天就是1949年的元旦。总统府大礼堂举行了一年一度的新年团拜会。这一次团拜会与几个月前在此举行的国庆庆祝仪式的喜庆气氛，形成了极为强烈的反差。会上不再看到握手寒暄、互致新年快乐的场景，到会的人个个耷拉着脑袋一言不发。又是一夜未眠的蒋介石，拖着疲惫的身躯来到会场，用嘶哑的嗓子，吃力地念完了“新年文告”。因陈布雷刚自杀不久，发言稿是由人称“江西才子”的政务局长陈方动笔赶写的。

1949年1月份，国民党军主力已消耗殆尽，

蒋介石离开南京时与官员们话别

解放军即将挥师南下。此时的蒋介石在总统宝座上如坐针毡。因此，总统府的大量活动被取消。到了 1 月中旬，总统府各局的工作更加少了。大家已经预感到要发生什么重大变化了。果然，在 1 月 20 日，国民党的中央电台广播了一则新闻：蒋总统因故不能视事宣布引退。蒋介石终于走下了总统的宝座，只做了不到九个月的总统。

蒋介石在“下野”前已经预作了很多安排。除在党政军重要部门安插了大量亲信外，在年底又从上海调来了一列专车，将总统府中的重要档案和部分贵重物品，从总统府后门直接运上小火车，然后到下关火车站运往上海。还有大量机密档案，由军务局长亲自负责销毁，在

蒋介石在美龄宫作最后停留

东花园中整整烧了几天，实在不能销毁的，则将有关李宗仁及桂系的材料，一份不少地拣出，以免给人以口实。蒋介石经常用“手令”越级指挥战事。官员们在撤退清理文件时，光没有发出的手令就有几大箱，多达数千件。

1 月 21 日下午，蒋介石的车队从黄埔路官邸出发，驱车前往中山陵。蒋介石下车后，向中山陵远眺片刻，即登车前往“美龄宫”稍事休息，即直驶明故宫机场。几乎所有在南京的党政军要员们都早早地在此等候这位“下野总

蒋介石离开南京时乘坐的“美龄”号专机

统”了，惟独没见李宗仁的身影。

蒋介石乘坐的“美龄”号专机，已停在停机坪上。面容樵悴的蒋介石，身着他最喜欢穿的那一身浅色长袍，深色马褂，一手执礼帽，一手拿拐杖。不知何故，他连假牙都没戴，显得苍老了许多。在与官员们一一作别后，蒋介石与宋美龄一同登上了专机。飞机在南京上空盘旋两圈后，直接向东南方向飞去。

5. 总统府的最后时光

1949 年 1 月 21 日，也就是蒋介石离开南京的当天，李宗仁就代理了总统一职。直至三天后的 24 日，李宗仁在总统府礼堂举行了一个规模不大但很讲究的就职仪式。随后，在总统府礼堂举行了隆重的酒会招待各国使节。法国大使梅里霭、美国大使司徒雷登、苏联大使罗申、英国大使施蒂文等

代总统李宗仁

二十九个国家的使节出席了酒会。李宗仁容光焕发，与夫人郭德洁穿梭于权贵显要之间。这是他第一次以“国家元首”身份与各国使节见面。

李宗仁上台后，行政院长孙科已经南迁广东办公，中央党部及各院部会署纷纷搬家，南京城只剩下一个光杆代总统。李宗仁所能控制的桂系部队远在武汉，南京只有一个首都警察厅。

总统府中保留了蒋介石的办公室，室内物品原封不动，平时大门紧闭。而在蒋办公室的对面，为李宗仁另外安排了一个办公室。李宗仁决定军机大事，则在城北的傅厚岗官邸。总

蒋介石办公室保持了原状

李宗仁在总统府接见邵力子等和平人士

统府只有几个桂系的秘书长、局长在撑门面。

李宗仁上台后，总统府有了两个明显的变化。一是各部门送来的资料和情报明显地少了。总统府的官员们说："老头子一走，我们轻松多了。"第二个变化，就是李宗仁立即将总统府卫队进行了调整，来个大换班，全部调来了桂系部队当警卫，由李的亲信、桂系将领刘诚之总负责。

李宗仁就任代总统后，立即下令释放政治犯。但蒋介石仍在奉化溪口遥控局势，令这位代总统无所作为。而李宗仁不甘做傀儡，在他代理总统的三个月中，进行了频繁的活动。李宗仁派出"上海和平使者代表团"赴西柏坡。回南京后，李宗仁于 2 月 27 日在总统府会客室接见了邵力子等代表团成员。团长邵力子则向李宗仁面交了毛泽东的一封亲笔信……

3月底，李宗仁决定派代表赴北平与中共进行和谈。31日下午4时,李宗仁在总统府“子超楼”三楼会议厅举行茶会，招待尚留在南京的中常委及元老们。张治中特地赶到会场向与会者汇报了溪口之行蒋介石对和谈的指令。到会的有何应钦、吴铁城、白崇禧、阎锡山等十多人。阎和白的态度强硬，坚决要求先停战再签字。张治中知道，这就是蒋介石的态度。李宗仁清楚中共对此是不可能答应的。但他并不争辩，只是紧锁眉头一言不发。会议不欢而散。

茶会刚散，李宗仁又于晚8时宴请各党派领袖及政府首长，至10时才散席。紧接着，李宗仁又请白崇禧、阎锡山、顾祝同、翁文灏、孙立人、徐永昌、张群、张治中、刘斐等军政要员留下，就和平谈判的具体问题进行商讨。此时的李宗仁,明知有的问题不可能实现，但对和谈还存有一丝侥幸的心理。会议开到11时半散会。张治中等步履沉重地走下“子超楼”,回官邸准备赴北平的行装。李宗仁送走各位后，又与白崇禧等人回官邸密谈至下半夜。

由于南京政府拒绝在和平协定上签字，国

共和谈终告破裂。人民解放军渡江在即。4月21日下午，总统府代理参军长刘士毅在西花园桐音馆举行了最后一次总统府职员会议。这天正是星期六，如在以往，这种会一定热闹非凡，但这天，由于“共军”渡江在即，总统府原有的千把号人，到会的只有几十人，显得分外冷清。刘士毅脸色阴沉地说：“今天，我要到奉化去，不日我会把工资寄给你们，不必为生活犯愁，大家要安于职守。长江防务是稳固的……不多久，我就会回来的。”到会的人均默默无语。

4月22日上午10时，李宗仁在总统府礼堂招待外国记者。他神情沮丧地说：“和谈已经结束，政府对和谈经过将有所说明。”仅此寥寥

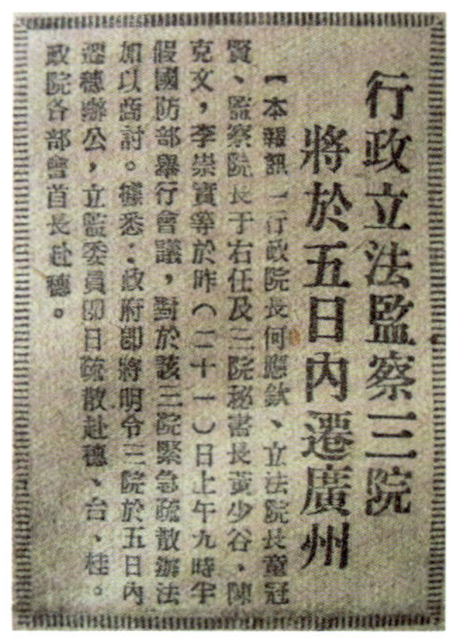

行政立法監察三院
將於五日內遷廣州

【本報訊】行政院長何應欽、立法院長童冠賢、監察院長于右任及三院秘書長黃少谷、陳克文，李崇實等於昨（二十一）日上午九時半假國防部舉行會議，對於該三院緊急疏散辦法加以商討。據悉：政府即將明令三院於五日內遷穗辦公，立監委員即日疏散赴穗、台、桂。政院各部會首長赴穗。

行政院迁往广州的报道

李宗仁在总统府接见外宾

数语。记者们还要提问，李宗仁不再作答，立即从总统府匆匆赶往机场飞往杭州，在笕桥机场"谒见"蒋介石。22日深夜，李宗仁开完了蒋介石在杭州笕桥机场召开的军事会议后，立即飞回了南京。他没有回总统府，只是在傅厚岗官邸度过了在南京的最后一个不眠之夜。这一夜，江北已响起了隆隆的炮声。

23日天未亮，南京政府的首脑机关已开始撤退。总统府等机关的庞大队伍及辎重物品，在一片混乱中涌出了大门，一路开往火车站，一路则出中山门沿京杭国道，向上海、杭州方面奔去。李宗仁的车队急匆匆地从官邸出发。另一路人马则从总统府启程，一行人与何应钦在励志社会合后，一同驶往南京大校机场。

10时，总统府和机场卫兵正式撤岗。

6. 解放军占领总统府

1949年4月21日晚，解放军开始在长江东西两翼发起渡江作战。突破江防后，立即向南京作钳形穿插，以形成对国民党统治中心的合围。23日晚，解放军在南京江面渡江成功。24日凌晨，解放军“三野”第35军104师312团官兵，率先进入南京挹江门。很快，就与地下党和起义警察接上了头，并由他们带路直插总统府。

这时的总统府，三扇大铁门紧闭，巨大的院落空空荡荡，早已人走楼空，院子里到处飘洒着

百万雄师横渡长江

刘伯承与民国海军将领林遵等人步入“子超楼”

纸张文件，不时冒出缕缕青烟，只有几个房间还闪现着忽明忽暗的灯光。104 师张参谋长、管玉泉营长等率部抵达总统府后，六名战士用力推开了沉重的缕花大铁门，大队人马立即涌入，很快就控制了整个总统府大院。

解放军官兵直冲总统府办公楼“子超楼”。二楼蒋介石和李宗仁的办公室，“总统办公室”的木牌还赫然挂着，硕大的办公桌上，放着一套《曾文正公家书》，台钟、文具依旧，台历则永远定格在中华民国卅八

总统办公室办公桌上的台历

解放军推开总统府大门

南京各界在总统府门前欢庆解放

年 4 月 23 日。

张参谋长在文书局中一堆零乱的文件里，顺手捡出几张纸，一看，居然是蒋介石为庆祝“徐蚌会战”大捷的嘉奖令。战士们发出了一阵哄笑。

总统府前院的车库中，还停放着雪佛莱、

解放军官兵在总统府

福特、别克轿车各一辆，美式中吉普一辆，基姆西卡车一辆，汽油170加仑。解放军官兵们立即将汽油紧急转移出总统府大院。看来，总统府官员们并没有作长期离开的打算，还以为不久就会回来的，所以，对总统府并没有进行破坏，否则，这几桶汽油一旦……后果不堪设想。

接着，又在后院清理出汽车四辆，轿车六辆。仓库里还存有大量药品，以及医疗所用的牙科椅、紫外线灯等器材，还有一批电器、防毒面具等军需物资。在总统府图书馆，共清点出全套的《总统府公报》。在餐厅中还存有大批珍贵的景德镇青瓷餐具。

最令人称奇的是，在总统府“子超楼”的总统办公室中，居然发现了一对曾国藩的鸡血石章，一对翡翠石章，两串清代的朝珠，一套线装雕刻版《曾文正公全集》。为何在这里会出现这些珍贵的清代物品呢？据推测，这可能是由于蒋介石对曾国藩一向推崇备至，对曾氏的物品情有独钟。

在“子超楼”中，还遗留有一大批极其珍贵的古玩瓷器，如玉扳指一只，黄地绿龙瓷盘一对，景泰兰铜瓶一对，五彩花瓷瓶、花瓷盘各一只，嵌石屏风一座……

当东方出现鱼肚白时，解放军的后续部队大批开到了总统府门前的广场上。几十名战士争先恐后地登上了总统府的门楼，一面青天白日旗飘落下来，战士们打开了一面红旗，在欢呼声中，徐徐升上了旗杆的顶端。这时，解放军三十五军军报记者邹健东，用一台德国莱卡相机，拍下了这一具有重大意义的历史瞬间。这一张闻名中外的历史照片，标志着统治中国22年之久的南京政府覆亡了。

4月27日，渡江总前委首长刘伯承、邓小平、陈毅三人来到了总统府。汽车在大堂前停住，下车后即直趋“子超楼”，走进了蒋介石和李宗仁的办公室。邓小平说：“蒋委员长缉拿我们多年，今天我们上门来了，看他还吹什么牛。”刘伯承指着台历说：“蒋先生、李先生的台历还是23号哩，转移不慢啊。”陈毅则坐在蒋介石的办公桌前，拨通了一个长途电话，直通毛泽东的北京香山办公室，陈毅风趣地说：“主席，我是陈毅啊，我这是坐在蒋总统的椅子上向您汇报呢。我们胜利了。”

接着，陈毅诗兴大发，挥毫写下了一首诗：旌旗南指大江边，不尽洪流涌上天，直下金陵澄六合，万方争颂换人间。

从此，历经六百多年沧桑的总统府，跨入了历史的新纪元。

解放军占领总统府

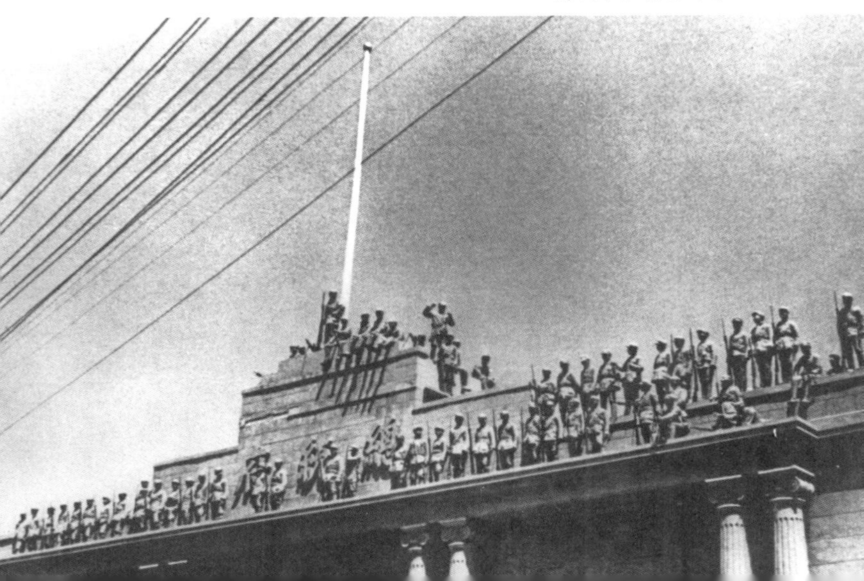

◎ 中西合璧　错落有致

1. 中轴线

总统府的标志性建筑、主体建筑、主要建筑，均坐落在中轴线上，为历朝历代建筑的叠加。总统府的诸多重大活动，如就职、外事、会议、

总统府鸟瞰图

谈判等，都在中轴线举行。

（1）总统府大门

总统府的标志性建筑。原为清朝两江总督署大门。太平天国时期为天朝宫殿“真神荣光门”（又称“皇天门”或“凤门”）。国民政府成立后，于 1929 年 12 月拆后新建了这座门楼。设计绘图者姚彬。

大门南立面是八根爱奥尼亚立柱，南侧是三樘拱形连顶缕空铁门，每拱两扇，向内开启，涂黑漆，中镀飞金；北侧是方形，寓意“外圆内方”，又含“天圆地方”之意。

1937 年 12 月南京沦陷后，日军在门侧悬挂“中岛部队”和“十六师团部”木牌；继而

大门

成为伪“中华民国维新政府”及汪伪政府监察院等机构的大门。1946 年国民政府“还都”南京后仍作为国民政府大门。1948 年 5 月“行宪”国大后,即将“国民政府”换装“总统府”三字。1949 年 4 月南京解放后，大门一直在使用。门前一对石狮是清两江总督署大门的遗物。

（2）大堂

总统府的主体建筑。原址为太平天国金龙殿，又称“荣光大殿”，相传洪秀全病逝后即葬于殿中。清军攻占天京后被毁。两江总督曾国

大堂

藩于同治九年（1870）重建了两江总督署大堂。

1912 年 1 月 1 日孙中山就任中华民国临时大总统的典礼，就在大堂举行。后因天冷移至大堂后的西暖阁。1927 年国民政府定都南京后，作为国民政府的大堂。1929 年国民政府部分改建时，先后将蒋介石和孙中山手书的“天下为公”匾额挂于大堂正中横梁上。以后，大堂一直被国民政府和总统府沿用，至今保存完好。

（3）总统府礼堂

原为清朝两江总督署大堂西暖阁的一部分。民国年间分别于 1929 年、1935 年（卢树森设计）和 1946 年进行过改建。国民政府的许多重要会议和活动都在礼堂举行，如 1929 年的“国

礼堂

军编遣会议”，国民政府和中央党部联合举行的“总理纪念周”，1946 年“还都”后的“五五”茶会，1948 年的“总统”就职典礼活动，以及一系列外事活动等。

礼堂

（4）二堂（中堂）

建于清同治九年（1870）。两江总督署时

二堂

期辟为二堂。民国时期是举行礼仪活动的场所，如外国使节向中国政府元首（首脑）递交国书，举行各种仪式等。举行会谈前也在这里进行礼节性晤面。民国年间曾多次改建，内部保持了中式风格，北墙门外却是西式门廊，堪称“中西合璧”。

（5）总统府摄影处

总统府会客室前的五级台阶，即为国民政府主席谭延闿、林森、蒋介石，以及行政院、外交部等主官接见外宾时摄影的地方。俗称“八字厅”。

总统府摄影处（八字厅）

(6)总统府会客室

西式建筑。国民政府和总统府时期，在举行重要会议和正式活动前，蒋介石、林森或李宗仁等均在此短暂休息，同时也兼作内宾接待室。内有一套间是蒋介石的临时办公室。1946年下半年的国共谈判曾在这里举行。1949年2月27日，代总统李宗仁曾在此会见由北平归来的“上海和平代表团”颜惠庆、邵力子、章士钊等一行。

会客室

（7）外宾接待室

西式建筑。建于1917年北洋政府的江苏督军冯国璋任上。江苏督军署和国民政府时期一直作为会客的场所。1946年后的国民政府和总统府时期辟为外宾接待室。各国使节递交国书、举行仪式及摄影后，即迎至室内晤谈。其他重要宾客也在此接待。谭延闿、林森、蒋介石、李宗仁等曾在此会见了许多外国客人，如陶德曼、鲍格莫洛夫、马歇尔、

外宾接待室

司徒雷登、魏德迈等。

（8）麒麟门

麒麟门

原为长方形大红漆面的双扉木门，挡在中轴线的路心。为显示主席和总统的威严，平时紧闭，只有蒋介石到来时才开启，其他人只能从门两侧绕行。门前“蹲”着两只石麒麟，故名“麒麟门”。该门已于1950年代初被拆除，地上还留有明显的凿痕。

（9）政务局大楼

仿欧式两层建筑，建于1920年代中期，为

政务局大楼

江苏督军孙传芳的督军公署办公楼。1930 年代为国民政府文官处办公楼。1946 年“还都”后是国民政府文书局及总统府政务局办公楼。政务局及人员由“委员长侍从室”转来，主要负责重要文稿拟撰、机要文件的查鉴及转递等党政事务。二楼东首套间曾是蒋介石的首席幕僚陈布雷以及陈方等人的办公室。

（10）国民政府、总统府办公楼（子超楼）

1934 年开工兴建，至 1935 年底完工，1936 年初正式启用。中国新民族建筑。因当时的国民政府主席林森字“子超”，故又称“子超楼”。由南京鲁创营造厂承建，耗资 106952 银元。设计者虞炳烈。

子超楼

1937 年 12 月日军侵占南京，此楼被日军中岛部队和十六师团占用。1938 年 3 月成为伪维新政府行政院办公楼。1940 年 3 月汪伪政府成立后，为伪立法院、监察院等办公机构。

抗战胜利后，国民政府由重庆“还都”南京，此楼先后作为国民政府和总统府的办公楼。内设蒋介石的总统办公室、李宗仁的副总统办公室、秘书长办公室，以及国务会议厅等。

楼前雪松为国民政府主席林森手植。树苗从印度进口，价格昂贵，以寸计金。

（11）总统办公室

1936 年 1 月国民政府办公楼建成启用后，

蒋介石办公室

成为国民政府主席林森的办公室。由三室套间组成,东为休息室(内有一盥洗室),中为办公室,西为会客室。博古架是根据林森的嗜好设计。

1937 年 12 月南京沦陷后被日军占用。后成为伪维新政府行政院院长梁鸿志和汪伪政权立法院、监察院的办公室。1946 年 5 月国民政府“还都”南京后，成为蒋介石的主席办公室。1948 年 5 月“行宪”国大后，蒋介石“当选”总统，又改称为总统办公室。

(12)副总统办公室

1936 年 1 月国民政府办公楼启用时，为国民政府文官处办公室。1948 年 5 月“行宪”国大，李宗仁“当选”副总统，即以此处作为副总统

李宗仁办公室

办公室。1949 年 1 月，蒋介石“下野”，李宗仁代理总统一职后，又成为代总统办公室。

（13）国务会议厅

1936 年国民政府办公楼启用后，辟三楼大厅为国务会议厅。北墙正中匾额“忠孝仁爱信义和平”八字，为国民政府主席林森 1935 年所题。

国务会议，以主席（后为“总统”、“副总统”）以及立法、司法、行政、考试、监察五院院长为当然委员，另设委员十六至二十人。每两周举行会议一次。其他一些重要会议也在这里举行，如 1947 年 4 月 23 日国民政府改组会议。1949 年 4 月国民党高层在这里多次举行会

国务会议厅

议，制定与中共和谈的策略，并最终拒绝了中共的和平建议。

（14）防空洞

1932 年“一二八”淞沪战争爆发后，日军飞机经常袭扰南京。当时国民政府并无任何防空设施。1934 年在建造国民政府办公楼时，加盖了这座防空洞。该建筑主体结构为两层，全部由钢骨水泥浇制。顶层厚数米，可抗击重磅炸弹轰炸；水、电、通风设施一应俱全，且距主席办公室仅十几米，疏散极为方便。1949 年月 1 月蒋介石“下野”前，曾在防空洞焚烧了大量机密文件。

防空洞内景

2. 西花园

(1)西花园(煦园)

明朝初年为汉王府花园,以汉王朱高煦名中的“煦”字而得名(一说由清朝大学士英和的字“煦斋”而得名)。清朝为两江总督署花园。太平天国建天朝宫殿时予以扩建。因花园位于宫殿西侧,又称“西花园”,与东花园相对

西花园（煦园）门景

称。清军破城时被毁，曾国藩于同治九年（1870）重建。

1912 年 1 月中华民国临时政府成立，孙中山的临时大总统办公室和起居室就在煦园内。以后，又先后作为江苏讨袁军总司令部、南京留守府、江苏都督府、督军署、副总统府等机构的办公处。1927 年 4 月国民政府成立后，国民革命军总司令部（与北伐军总司令部合署办公）、国民政府军委会、参谋本部，以及总统府军务局等机构，都曾在园内设有办公处。

煦园为著名的江南园林，与总统府连为一体，至今还保留有诸多著名的遗址景点。

（2）临时大总统办公室

始建于 1909 年清朝两江总督端方时期，落成于 1910 年清末总督张人骏任上，为仿法国文艺复兴建筑。因位于总督署西侧的西花园，又称“西花厅”。

1912 年 1 月 1 日，孙中山就任中华民国临时大总统，即以此为大总统办公室。1 月 21 日，中华民国临时政府第一次内阁会议也在这里举行。以后，先后作为南京留守府、江苏讨袁军总司令部、江苏都督府、督军署、国民革命军

临时大总统府总长会议室

临时大总统府办公室

总司令部（北伐军总司令部）、国民政府军委会、参谋本部（军令部）等机构的办公处。

（3）孙中山起居室

两层中式建筑。建于1909年，原为清朝两江总督署高级幕僚的住所。1912年1月至4月，孙中山担任中华民国临时大总统期间即在此居住。楼上是卧室和办公室，楼下是会客室和餐厅，另有侍卫室和厨房。长子孙科、孙中山夫人卢慕贞携女孙娫、孙婉来到南京时，也在这里与孙中山共同生活。3月25日卢夫人离开南京，两女托孙中山的英文秘书宋蔼龄照看。直至4月3日孙中山离任。院中防空洞是林森任国民政府主席时所建。

孙中山起居室

（4）石舫（不系舟）

为清朝乾隆十一年（1746）两江总督尹继善所建。初用作书斋。乾隆皇帝南巡时曾多次驾临，并于1757年二下江南时赐题“不系舟”匾额。天王洪秀全、临时大总统孙中山、陆军部总长黄兴等人召开军事会议、休息会客时，也常登临此处。

石舫基座用青石彻成，落于荷花池底，舱部用木质精雕，造型古朴雅致。顶部覆青瓦，四层叠落，敦实厚重。历朝战乱频仍，屡毁屡建，尤其是清湘军攻破天京，天王府遭焚，惟石舫仅存。石舫为总统府中最古老的建筑，也是煦

石舫

园中惟一具有北方清代官衙风格的建筑。

（5）忘飞阁

中式园林建筑。单层歇山顶。重建于清同

忘飞阁

治九年（1870）。由构筑精巧的三楹小屋组成，正中一间伸入水中，三面临水迎风，又称“水榭”。因景致优美，飞禽水鸟到此往往“乐而忘飞”。曾是国民国民政府军委会和总统府军务局办公室。

（6）夕佳楼

中式园林建筑。重檐卷棚顶。重建于清同治九年（1870）。因落日余辉洒满小楼，景致绝佳，而得此名。楼顶屋脊高高耸起，楼外三面临水，有走廊环绕，灵秀而雅致。楼中没有楼梯，上楼必须通过楼外一座天桥。国民政府时期曾是军委会和总统府军务局办公室。

夕佳楼

（7）桐音馆

中式园林建筑。单层歇山式小瓦顶。重建于清同治九年（1870）。因雨水落在梧桐叶上啪啪作响而得名（一说为古代的一种音乐）。曾国藩常在此处弈棋。临时大总统孙中山也经常在这里会客。1930—1940 年代，为国民政府军事委员会第二厅、总统府军务局长办公室。

桐音馆

（8）漪澜阁

中式园林建筑。单层歇山顶。清同治九年（1870）重建。曾作为太平天国天朝宫殿机密房。1912 年中华民国临时政府成立后，孙中山也曾在此办公会客。1930—1940 年代，先后作为国

漪澜阁

民政府高参室、参谋本部和总统府军务局的办公处。

该阁四面环水，石栏环绕，八只憨态可掬的小石狮盘坐栏上。仅有两座石拱小桥与岸相接。阁顶飞檐挂角，屋脊正中有一瓷葫芦瓶，传为盛水容器，为镇火之宝物。又名“漪澜堂”或“水民双监之轩”。古代以水为“监”,寓意“水能载舟，亦能覆舟”。

（9）花厅

中式园林建筑。两江总督陶澍称之为“潇湘馆”。清同治九年（1870）重建。为清朝两江总督、幕僚以诗文会友的场所。太平天国时期

花厅

花厅北端接出一段，辟为戏台。民国建立后，孙中山常在此议事、会客。江苏都督府和督军署时期，常在此举行诗会、堂会。后成为国民政府军委会和总统府军务局办公处。

（10）望亭（“印心石屋”碑亭）

中式园林建筑。两层歇山卷棚顶。太平天国时期，是天朝宫殿中的望楼，高约10米，上层为四面敞开式凉亭，视野开阔，登楼即可了望宫殿全貌。清军攻占南京时被毁。今天的式样系清朝重建，高度大大降低，已失去了望的功能。底层为一方形屋，有两门供出入。屋内嵌有两江总督陶澍原籍湖南的“资江印心石屋

望亭

山水全图”及给道光皇帝的谢恩摺石碑。

（11）“印心石屋”石匾

清道光十五年（1835），两江总督陶澍晋京觐见奏报政务后，讲述湖南家乡安化“有石出于潭心，方正若印，名曰印心石”，及幼年随父“结屋读书之上”之事。道光帝很感兴趣，即书大小两方“印心石屋”赐之。陶澍即在两江总督署假山内刻石树匾。此为原碑。

印心石屋匾

（12）鸳鸯亭

煦园中的古亭。建于清同治年间。上部为筒瓦双攒尖套顶，远看双亭并列，侧看却是单亭屹立。方胜结构，又名“方胜亭”，俗称“鸳鸯亭”。这种造型的亭台在江南园林中极为少见。

鸳鸯亭

（13）乾隆御碑亭

清两江总督萨载因政绩突出，乾隆皇帝特赐诗嘉奖。但因其下属江西巡抚郝硕犯受贿罪，萨载没有及时制止，于乾隆四十九年（1784）初被朝廷革职。乾隆五十二年（1787）书麟继任两江总督，上任伊始，乾隆即赐御诗勉诫。书麟吸取了萨载失察受累的教训，严查亏空，抗争权贵和珅。为此，乾隆“特昭嘉之”。此二碑为两江总督所刻。

乾隆碑亭

（14）棕榈亭

广西风情的木亭，太平天国定都天京后，因将士中以广西人居多，为解思乡之苦所建。顶部全部用广西产棕榈丝覆盖。原为两层，曾国藩在重建督署时砍去一层。亭中的假山石玲珑剔透，与木亭珠联璧合。尤其是一面“石镜”，从镜中观景，别有一番天地。此亭在1950年代初修复。

棕榈亭

（15）国民政府参谋本部（图书馆）

建于1920年代末。西式建筑。1928年11月参谋本部在此成立，直属国民政府。主管国防用兵事宜，统辖全国参谋人员、陆军大学、测量总局及驻外武官。后改属军事委员会领导。李济深、朱培德、蒋介石、程潜曾任参谋总长。抗战后改为军令部。后又改为总统府的图书馆。主要保存历年印行的国民政府（总统府）公报，以及主席（总统）的手谕等重要档案。

参谋本部

（16）三段碑（天发神谶碑）

为三国时东吴孙皓的天玺纪功碑。后断为三断，故名"三段碑"（现存两段），又称"天

三段碑

发神谶碑”。原碑竖南京城南天禧寺门外。明嘉靖年间移至江宁府尊经阁。清嘉庆十年（1805）毁于火。嘉庆二十年摹刻于江宁县学内。清宣统元年（1909）两江总督端方又请名手选石重行摹刻，嵌于此壁。碑后刻有胡宗师、端方的题跋，及礼部尚书祁㝧的题诗。

（17）秘书处

秘书处

1912年1月，孙中山就任中华民国临时大总统后，在总统府设立了秘书处。主要负责文牍事务，印鉴掌理，协调各部局工作，参与重大事项决策，并协助大总统孙中山处理日常公务。秘书长胡汉民，有“二总统”之称。该建筑于2003年复建。

3. 东花园

（1）东花园（东苑）

中式古典园林。原为国民政府东院。1853年太平天国建天朝宫殿时辟为东花园。1864年清军攻破天京（南京）时被毁，成为清两江总督署的一部分。1928年10月，国民政府在此

东花园一角

设行政院。1937 年 11 月，行政院随国民政府迁往重庆。南京沦陷后，这里成为日伪政权机关。1946 年 5 月国民政府“还都”南京后，行政院旧址先后作为国民政府社会部等部委的办公处。

东花园现有行政院办公楼、陶林二公祠、复园、“勋高柱石”碑及碑亭、清代四合院、古井、马厩、军乐队等诸多景点。

（2）复 园

清朝时为两江总督署花园。太平天国时期在这里建东花园。当年有石舫、湖泊、假山，以及楼台亭阁等。1864 年清军攻破天京（南京）时被毁。国民政府时期曾是行政院的一部分。2002 年根据史料复建了原东花园的一部分。

复园

（3）行政院大门

1934 年初，与行政院南楼（办公厅）同时建造。同院内的弧形照墙、传达室形成一个整体。为国民政府行政院的正门。门头上“行政院”三字为原国民政府主席、行政院长谭延闿所书。1937 年南京沦陷后作为日伪机关大门（门上挂有交通部和铁道部的木牌）。1946 年国民政府“还都”后，又成为社会部等部会的大门。

行政院大门

（4）国民政府行政院（北楼）

建于 1920 年代末。现代建筑。行政院为国民政府最高行政机关，成立于 1928 年 10 月 25 日，院址在国民政府东院。该院掌理内政、外

北楼

交、财政、经济、军政、文化、教育等行政事务。院下辖各部、会、署，分掌各项行政职权。

1937 年 11 月 16 日，行政院随国民政府西迁重庆。日伪统治时期，曾作为伪铁道部和交通部的办公处。1946 年 5 月国民政府“还都”南京后，行政院迁至原铁道部办公，这里成为国民政府社会部、地政部、水利部和侨务委员会的办公机构，直至 1949 年 4 月南京解放。

（5）行政院办公厅（南楼）

建于 1934 年 6 月。现代建筑。设计者赵深。当年落成时京沪地区各大报均进行了详细报道。楼内设行政院院长、副院长、秘书长、政务处

南楼

长办公室，以及总办公厅、稽核室、参事室、会议室等。蒋介石、汪精卫、孔祥熙、宋子文等都曾在此楼办公。

（6）“勋高柱石”碑

清同治九年十月，曾国藩由直隶赴两江，第三次就任两江总督。临行入京觐见，适值六十岁生日，同治帝即亲笔御赐“勋高柱石”四字赏寿。曾国藩抵南京后，择吉日刻石立碑于两江总督署“御书楼”内。后此碑湮没于世。1990 年在此处民居墙基处出土，移至煦园内，2002 年 4 月复移原处。

勋高柱石碑

（7）总统府军乐队

直属总统府典礼局。主要职责是为举行重大礼仪活动时配合仪仗队进行奏乐。国民政府和总统府时期，被改作军乐队办公处和职员宿舍。

军乐队

（8）马厩

原为清两江总督署和太平天国时期的马厩。国民政府和总统府时期，曾作为库房和总务局交通队、军乐队、警卫队、清洁队等机构的营房。

马厩

此为当年马厩的复原。

（9）明清古井

明代及清朝两江总督署、太平天国天朝宫殿时期，驻于此处的文武官员、兵丁的主要饮用水源。

明清古井